DESEMPLEO Y PRECARIEDAD LABORAL JUVENIL

Roy Cortina

Desempleo y precariedad laboral juvenil

Hacia una política de empleo joven

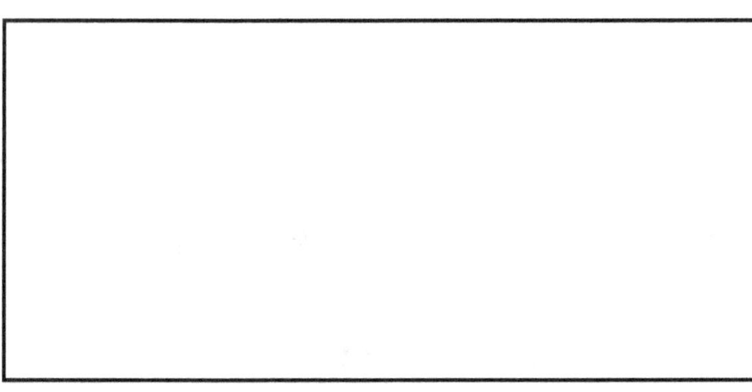

© De esta edición, Prometeo Libros, 2013
Pringles 521 (C11183AEJ), Buenos Aires, Argentina
Tel.: (54-11)4862-6794 / Fax: (54-11)4864-3297
info@prometeolibros.com
www.prometeolibros.com
www.prometeoeditorial.com
Diseño: R&S
Armado: María Victoria Ramírez

Índice

I.- Introducción

El acercamiento descriptivo y conceptual que este libro realiza sobre la crisis del empleo entre los jóvenes no tiene su origen en el ámbito estrictamente académico. De hecho, la inquietud sobre la conflictiva relación que los jóvenes entablan con el mundo del trabajo surgió a partir de una aproximación a sus propias vivencias y experiencias en el marco de la labor en la gestión pública y legislativa.

Fue desde este lugar que decidimos llevar adelante un trabajo de investigación que este libro recoge parcialmente, pretendiendo alcanzar concensos en torno de ciertas definiciones elaboradas y contrastadas en base a datos duros, y al mismo tiempo a partir de este diagnóstico, presentar una propuesta que pueda servir como elemento disparador para abordar la problemática del desempleo juvenil en la Argentina.

Sin lugar a dudas, el propio desarrollo de la investigación plantea nuevos interrogantes respecto de los jóvenes y su relación con el mundo del trabajo, que nosotros no pretendemos concluir en esta publicación y que seguramente darán lugar a futuras investigaciones.

La elección del sujeto de estudio –los jóvenes– y la problemática particular –el desempleo y la precariedad laboral entre ellos– está directamente relacionada con la hipótesis que guía este trabajo y también con una preocupación central en nuestra labor política: los jóvenes no sólo constituyen el futuro de la sociedad –frase remanida y declamada repetidas veces en diversos ámbitos– sino que éstos son la columna vertebral del presente de nuestro tejido social, por lo que la resultante del proceso mediante el cual se socializan es decisivo no sólo para su desarrollo personal, sino para la sociedad en su conjunto.

Más allá de que la socialización de un individuo no está determinada exclusivamente por la forma en la cual se vincula con el mercado de trabajo –de hecho la familia, su entorno afectivo y las instituciones educativas juegan aquí un rol fundamental e incluso se relacionan estrechamente con la inserción de los jóvenes al mundo laboral–; nuestra indagación se centrará en estudiar las características y particularidades que encuentran los jóvenes a la hora de relacionarse con el mercado de trabajo, entendiendo, tal como lo plantean Pérez Sosto y Romero[1], que el trabajo continúa siendo el principal articulador y facilitador en el proceso de socialización y afiliación de los jóvenes.

Para contextualizar la investigación, centraremos el análisis en las características y derivaciones que adquiere el desempleo y la precariedad laboral entre los jóvenes en la actualidad, ya sea que nos aboquemos a la situación en términos globales, en Europa, Latinoamérica o en nuestro país.

El énfasis puesto sobre la crisis de empleo entre los jóvenes en la Argentina es congruente con uno de los objetivos centrales que nos planteamos al realizar la investigación: delinear una herramienta legislativa que pudiera enfrentar de forma eficaz el fenómeno que analizamos.

No intentamos ser concluyentes respecto de la propuesta para enfrentar el desempleo juvenil en nuestro país, sin embargo plasmamos allí parámetros que creemos deben ser centrales para abordar esta problemática.

Tal como lo planteamos al comienzo, la juventud es un período de la vida durante el cual se enfrentan importantes cambios personales y transformaciones relacionadas con lo educativo, lo familiar y lo laboral, que son cruciales para la trayectoria de cada individuo y para la sociedad en su conjunto.

Es que por constituir un grupo etario que cuenta con una amplia expectativa de vida, los jóvenes están llamados a ser un motor para el desarrollo económico y social de los países.

De hecho, existe cierto consenso en torno a la idea de que la población joven constituye un activo, contando con la ventaja comparativa –sobre todo en un mundo globalizado como el actual– de ser la más apta a la hora de desplegar la innovación y la creatividad.

---

[1] Perez Sosto, Guillermo y Romero, Mariel *"La cuestión social de los jóvenes"*. Documento de trabajo, p. 18.

El informe "Trabajo Decente y Juventud en América Latina 2010"[2] de la Organización Internacional del Trabajo (OIT) señala al respecto: *"El cambio generacional de estos años irrumpe también por las vías del conocimiento y el dominio tecnológico, de modo tal que las nuevas generaciones han superado el acervo de recursos tecnológicos que sus padres crearon y asumen otra forma de sociedad, la de la globalización con una rapidez y capacidades difíciles de imaginar en el todavía cercano siglo pasado".*

Sin embargo, para que esa potencialidad se concrete, para que la juventud se desempeñe realmente como un actor clave de la sociedad, resulta fundamental que los jóvenes tengan acceso a empleos decentes.

Vale la pena destacar que cuando hablamos de trabajo decente lo hacemos en el marco de lo establecido por la Organización Internacional del Trabajo (OIT), que prescribe: *"El trabajo decente resume las aspiraciones de la gente durante su vida laboral. Significa contar con oportunidades de un trabajo que sea productivo y que produzca un ingreso digno, seguridad en el lugar de trabajo y protección social para las familias, mejores perspectivas de desarrollo personal e integración a la sociedad, libertad para que la gente exprese sus opiniones, organización y participación en las decisiones que afectan sus vidas, e igualdad de oportunidad y trato para todas las mujeres y hombres".*

En este sentido, el proceso de inserción de los jóvenes en el mercado de trabajo cumple un rol fundamental por la incidencia que tiene en cada una de las demás facetas de la vida, en tanto aparece directamente vinculado con la sociabilidad, con la configuración de una identidad, con el diseño de un proyecto y con la realización personal.

No obstante, vemos cómo la escuela, el trabajo o la partida del hogar de origen, que configuraban el paso de la juventud a la adultez e incorporaban a los jóvenes en la sociedad de forma activa, hoy son mecanismos cuestionados o que han cambiado drásticamente sin que se hayan generado otras alternativas de inclusión social que pudieran reemplazarlos[3].

---

[2] OIT, *"Trabajo decente y Juventud en América Latina 2010."* Lima, 2010.

[3] Jacinto, Claudia. *"Jóvenes vulnerables y políticas públicas de formación y empleo".* Revista de Estudios de Juventud Mayo. Buenos Aires, 2000, p. 107.

El deterioro de las condiciones de vida de los jóvenes de hogares de bajos ingresos los vuelca de manera temprana al mundo del trabajo y limita sus posibilidades de continuar estudiando. Si conjugamos esta situación con el hecho de que las empresas modernas cada vez contratan menos personal sin estudios secundarios, conocimiento de idiomas o computación, entonces vemos cómo estos jóvenes provenientes de hogares pobres quedan expuestos y prácticamente condenados a la precariedad cuando no a la desocupación.

En la actualidad, existe una gran cantidad de jóvenes "desafiliados" de la sociedad, al no ser socializados ni por el trabajo ni por la escuela. Asistimos a un escenario donde los observamos deambular entre trabajos temporales y empleos informales que no los llevan a ninguna parte más que a la misma continuidad dentro de ese proceso para nada virtuoso. La escuela y la fábrica han dejado ser el ámbito de socialización de los jóvenes[4].

Respecto de la problemática de estudio, podemos afirmar que la crisis del empleo de los jóvenes es un fenómeno influenciado por las realidades socioeconómicas de los distintos países y regiones, pero que al mismo tiempo tiene características específicas que las exceden.

En cuanto al desempleo o la precarización que sufren los jóvenes, bien podrían destacarse todo tipo de disimilitudes entre los procesos y los escenarios que se configuran en los países desarrollados y los que están en vías de desarrollo. Sin embargo, ciertas particularidades y aspectos referidos a la realidad de los jóvenes vulnerables de países con niveles de desarrollo económico claramente distintos, pueden acercarnos a definir un fenómeno con características delimitadas[5].

No es un flagelo pasajero asociado con un lento crecimiento económico, sino que avanza para convertirse en una tendencia estructural de alcance global, expresada en los niveles y la persistencia de la desocupación, pero también –y cada vez en mayor medida– en la menor calidad del empleo al que acceden.

---

[4] Piñeiro, Laura. *Educación y primer empleo. Formando jóvenes para la inclusión y el trabajo.* Ediciones Ciccus. Buenos Aires, Argentina. 2008, p. 25.

[5] Battistini, Osvaldo y Mauger, Gerard. *La difícil inserción de los jóvenes de clases populares en Argentina y Francia*, Prometeo Libros, 2012, p. 14.

Tampoco se trata de un problema novedoso, aunque sí lo es la enorme proporción que ha alcanzado en los últimos años, mostrando que su abordaje es una materia pendiente en el orden mundial.

Con el objetivo de desandar la problemática que nos proponemos abordar, en las páginas que siguen se realiza un diagnóstico de la situación en el mundo y en América Latina, para lo que utilizaremos la Organización Internacional del Trabajo (OIT) como fuente para la obtención de datos duros.

Además, desarrollaremos un estudio del tema lo más acabado posible en la realidad argentina, que incluye la situación de los jóvenes en áreas urbanas y rurales, las particularidades de aquellos especialmente vulnerables y los que no estudian ni trabajan específicamente. Realizaremos también un análisis respecto de cómo las organizaciones sindicales interpelan o no a estos jóvenes. Lo haremos en sintonía con el objeto que guía este trabajo de investigación, que es el de elaborar una propuesta para enfrentar la problemática investigada.

De la misma manera, plasmaremos una breve descripción de los obstáculos que enfrentan los jóvenes para incorporarse al mercado laboral, las consecuencias de tales dificultades y una caracterización general de las diferentes acciones, políticas y herramientas ensayadas para superarlas.

Consideramos pertinente realizar una descripción sucinta del marco normativo internacional vigente en la materia y de las principales iniciativas que –tanto en el ámbito de la legislación, como a través de planes gubernamentales– se han impulsado en distintos países para paliar el desempleo juvenil, intentando así identificar fortalezas y debilidades de dichas políticas.

Ya inmersos en la realidad argentina, se desarrolla un análisis de las leyes y programas aplicados en nuestro país. Haremos especial hincapié en el llamado "Jóvenes con Más y Mejor Trabajo". Respecto de este Programa, realizamos una investigación que nos permitió determinar su alcance territorial, su marco y jerarquía presupuestaria, sus posibles limitaciones y una primera evaluación de sus resultados.

Al mismo tiempo, se consideran brevemente las normas sancionadas y las acciones emprendidas por los gobiernos de distintas provincias y de la Ciudad Autónoma de Buenos Aires.

En fin, pese a la magnitud de la crisis de empleo entre los jóvenes, por lo general, las acciones destinadas a enfrentar la problemática han fracasado. Estos fracasos, generalmente, se han traducido en oscilaciones entre medidas atinadas pero de escasa cobertura poblacional o territorial, y otras de amplio alcance pero reducida efectividad.

Por tanto, nuestro principal desafío es avanzar en la elaboración de políticas públicas capaces de alcanzar esos dos objetivos –extensa cobertura territorial y alta efectividad–, con miras a garantizar la inserción laboral de nuestros jóvenes para coadyuvar a reducir la pobreza, a fomentar procesos de movilidad social ascendente y a consolidar, de esa forma, los valores democráticos.

En el tramo final de la publicación, se explica el contenido y los alcances del proyecto de Ley de Empleo Joven, que presentamos el 25 de agosto de 2011 y representamos el 3 de junio de 2013, ante la Cámara de Diputados de la Nación, procurando que sirva de aporte a un debate público que estimamos urgente.

A modo de no cerrar el debate respecto de esta cuestión y contener otras miradas, incluimos también los aportes que –desde distintos ámbitos– hicieron una serie de especialistas y referentes sociales que trabajan el tema de juventud, su vulnerabilidad y la relación que ésta entabla para con el mercado de trabajo. En este sentido, el lector podrá encontrar las exposiciones del vicedecano de la Facultad de Ciencias Económicas de la UBA, Luis Pérez Van Morlegan; del periodista Gonzalo Asís; del coordinador general e investigador en jefe del Programa "Observatorio de la Deuda Social Argentina" de la Universidad Católica Argentina, Agustín Salvia; del director del Programa de Protección Social de CIPPEC, Fabián Repetto; del coordinador general de la Cátedra UNESCO sobre las Manifestaciones Actuales de la Cuestión Social, Guillermo Pérez Sosto; y de quien viene trabajando la cuestión del empleo joven en la Comisión Nacional de Justicia y Paz –un organismo de la Conferencia Episcopal Argentina–, Jorge Casará.

Estas ponencias se dieron en el marco del "Encuentro Académico Social: El Debate sobre el Desempleo Juvenil", realizado el 11 de julio de 2013 en el Salón Auditorio de la Facultad de Ciencias Económicas de la Universidad de Buenos Aires.

Por último, cabe mencionar que la humilde pretensión de publicar este libro tiene por objetivo facilitar intercambios entre las distintas miradas que pudieran existir respecto del objeto y la problemática de estudio, esperando que sirva como instrumento para continuar trazando interrogantes y nuevas hipótesis de trabajo.

II.- Situación de los jóvenes en relación con el empleo

a) En el mundo. Una crisis que no conoce de fronteras

Para acercarnos a la problemática de estudio, comenzaremos por definir sus alcances a escala global. De esta forma, identificaremos algunas de sus características distintivas, que se reproducen más allá de las particularidades de cada región o país.

En la actualidad, una de cada cinco personas en el mundo tiene entre 15 y 24 años. Son alrededor de 1.200 millones, de las cuales cerca del 90% vive en países subdesarrollados o "en vías de desarrollo"; la gran mayoría en Asia y, en menor medida, en África.

El informe *Tendencias Mundiales del Empleo Juvenil 2010* de la Organización Internacional del Trabajo (OIT) da cuenta de datos alarmantes respecto de la realidad de los jóvenes en relación con el mercado de trabajo.

A finales de 2009 –de los 620 millones de jóvenes de entre 15 y 24 años económicamente activos– 81 millones estaban desempleados. Esta cifra representó 7,8 millones más que en el año 2007 (aumentó 1,1 millones en 2007/2008 y 6,7 millones en 2008/2009) alcanzando el número más alto en la historia.

En comparación, durante los diez años anteriores (1996/97 a 2006/07), el número de jóvenes desempleados se había incrementado en un promedio de 191.000 por año.

Según la misma fuente, la tasa mundial de desempleo juvenil pasó del 11,9% al 13% entre 2007 y 2009. Puntualmente, entre 2008 y 2009 –años en los que más se sintió la crisis financiera internacional– la desocupación entre los jóvenes se incrementó en un punto porcentual, duplicando el crecimiento que registró entre las personas adultas.

Se trata del cambio anual más grande en los últimos veinte años, revirtiendo la tendencia que –desde 2002– mostraba una disminución de las tasas de desempleo juvenil. Para el año 2008, los jóvenes constituían el 24% de los trabajadores pobres en el mundo y el 18,1% del total de desempleados a nivel mundial.

Los datos también revelan cómo la desocupación afecta en mayor medida a las mujeres que a los varones jóvenes. En 2010, mientras que la tasa de desempleo juvenil se ubicó en el 12,8%, la femenina alcanzó el 13,1% y la masculina el 12,6%, poniendo de manifiesto una brecha de género de 0,5 puntos porcentuales, que es la misma registrada en el año 2008.

Las proyecciones de la OIT estimaban una leve disminución de la desocupación en general para el 2011 pero –al mismo tiempo– que la recuperación iba a ser más larga y dificultosa para los jóvenes. Se calculaba que sólo en los países de Medio Oriente y África el desempleo continuaría subiendo.

Pero la realidad fue más crítica que los pronósticos, indicando la misma desocupación general que en el 2010 y una disminución de tan sólo 0,01% entre los jóvenes, donde la tasa fue del 12,7%.

Hacia el año 2011, el 40% de las personas sin empleo eran jóvenes. De acuerdo con las cifras globales, estos tenían tres veces más probabilidades de estar desempleados que los adultos. En el caso de algunas regiones del mundo, estas mismas probabilidades se quintuplicaban.

Para el año 2012, no se preveían mejoras significativas en los índices analizados.

En las economías en desarrollo, la crisis ha redundado en la expulsión de jóvenes trabajadores a empleos vulnerables y no registrados. Una parte importante de los empleos creados en la etapa de expansión económica corresponden al segmento informal o incluso a modalidades de trabajo precario en el sector formal.

Para tener real dimensión de la problemática, hay que tener en cuenta que todas las cifras expuestas respecto del desempleo se limitan a contemplar parcialmente a una cantidad importante de jóvenes que *"no buscan trabajo en un momento dado debido al desaliento generado por búsquedas infructuosas previas, por insatisfacción ante las condiciones generales del mercado de trabajo, o porque las necesidades de funcionamiento de la familia, en el caso de las mujeres, las obliga a cumplir con funciones domésticas*"[6].

El desempleo juvenil es sólo una muestra de un flagelo mucho más complejo que incluye la inseguridad en la que vive una creciente cantidad de jóvenes que –no obstante tener trabajo– enfrenta distintas situaciones de precariedad laboral.

Los datos disponibles muestran la existencia de importantes diferencias salariales y el caso de países –como el nuestro– en los que el número de trabajadores jóvenes en la economía informal duplica al registrado entre los adultos.

También la subocupación y la creciente expansión del empleo temporal expresan el deterioro de la calidad del empleo destinado a los trabajadores jóvenes.

Si bien existen actores –sobre todo ligados al sector empresarial– que sostienen que este tipo de empleos funcionan como un paso previo al acceso a puestos de trabajo permanentes, la realidad indica que exponen a los jóvenes a alternar su vida laboral entre ciclos en los cuales acceden a estos "contratos basura" y otros en los que se ven desempleados.

Esta situación crea una desvalorización del empleo –siempre hablando en los términos de empleo decente–, al ser identificado por los jóvenes como algo inalcanzable.

Tampoco encuentran en la educación una alternativa porque se vieron obligados a abandonar los estudios condenando así sus propias posibilidades de progreso. Se conforma de esta manera una suerte de socialización por fuera de las instituciones, donde son escasas las proyecciones a futuro y el tiempo se reduce al presente.

Estos procesos de exclusión del trabajo y la educación originan desplazamientos hacia los grupos de iguales, que se convierten en espacios de protección[7], configurando nuevos y distintos valores y/o categorías que determinan la vida de estos jóvenes. No son menores los casos donde la salida frente a este panorama de ausencia de una proyección de futuro

[6] Touraine, Alain y otros. *¿Qué empleo para los jóvenes? Hacia estrategias innovadoras.* Editorial Tecnos, UNESCO, 1998, pp. 166 y 167.

[7] Battistini, Osvaldo y Mauger, Gerard. *La difícil inserción de los jóvenes de clases populares en Argentina y Francia.* Prometeo Libros, 2012, p. 17.

sobre sus vidas deviene en actividades que están en conflicto con las instituciones o el sistema jurídico de los distintos países.

En fin, al analizar el fenómeno del desempleo juvenil a escala global, podemos observar algunas de sus características determinantes.

A saber, se trata de un flagelo que trasciende las fronteras nacionales. Son los jóvenes el grupo social más afectado por la desocupación, triplicando e incluso quintuplicando las posibilidades de estar sin empleo comparado con los adultos. En cada continente o en cada país puede adquirir características particulares, pero estamos hablando de una realidad mundial que no conoce de fronteras.

La cantidad de jóvenes desempleados asciende año tras año, y en la actualidad registra su techo histórico. Este escenario da cuenta de una situación que está lejos de resolverse y que –si se pretende proporcionarle a los jóvenes una proyección de futuro para que concluyan con éxito sus procesos de inclusión social– su abordaje exige ser incorporado en las agendas de debate público y en las instituciones capaces de canalizarlas.

Otro de los puntos que identifica al desempleo juvenil es que está marcado por una persistente brecha de género, afectando en mayor medida a las mujeres por sobre los hombres.

Además, mientras que en los países desarrollados la crisis redundó en la expulsión de jóvenes al desempleo, en los países en desarrollo se expresó por la "inclusión" de aquellos en empleos informales o precarios.

Así, en los países subdesarrollados, el empleo informal y precario pasó de constituir una excepción dentro del mercado de trabajo, a convertirse en la regla para una gran cantidad de actividades económicas, que justamente son a las que acceden mayoritariamente los jóvenes.

Finalmente, cabe mencionar que la crisis de empleo que sufren quienes atraviesan esta franja etaria no se debe a su falta de experiencia ni es el paso previo a su inserción en condiciones decentes, sino que la realidad los expone a situaciones en donde pasan del desempleo a la precariedad o viceversa, sin lograr integrarse de forma ventajosa en el mercado de trabajo.

b) La profundización de la crisis del empleo de los jóvenes y la aparición de numerosas protestas juveniles ¿Pura coincidencia?

Conforme la OIT, los países más afectados por la crisis financiera internacional en términos de desempleo juvenil fueron los de las economías desarrolladas y la Unión Europea (UE).

Allí, la tasa aumentó en el orden de los 4,6 puntos porcentuales entre 2008 y 2009, mientras que en Europa Central y Sudoriental (no UE) y la Comunidad de Estados Independientes lo hizo en 3,5 puntos.

En el mismo sentido, la tasa de desempleo juvenil de 17,7%, alcanzada en 2009 en las economías desarrolladas y la Unión Europea, es la más alta que han registrado desde 1991.

En estos casos, cabe considerar que –contrariando las tendencias generales– entre 2007 y 2009, el aumento en la tasa de desempleo juvenil masculina fue de 6,8 puntos porcentuales, mientras que la femenina subió 3,9 puntos.

Entre 2007 y 2012, en Grecia y España, la tasa de desempleo de los jóvenes se duplicó, ubicándose cerca del 45% y por encima del 50%, respectivamente. En Irlanda, pasó del 8,5% al 31,9% entre 2007 y 2011. En otros países europeos como Italia o Portugal, la tasa actual de desempleo juvenil supera el 25%.

Como excepción a ese escenario general se pueden destacar Alemania, Austria, Bélgica y Luxemburgo.

En Europa –aunque no se registran los altos porcentajes de informalidad de otras regiones del mundo– la situación comparada con los adultos tampoco es mejor. La proporción de jóvenes en la economía informal es de alrededor del 17%, en contraste con el 7% de los adultos[8].

En ese continente y en Estados Unidos, se observa que los jóvenes tienen entre 2,5 y 5,8 más posibilidades de tener un empleo mal remunerado que el promedio general[9].

En este contexto, resulta difícil no asociar la realidad global descripta con la aparición de protestas juveniles que se suceden en diferentes

---

[8] OIT, *"La crisis del empleo en los jóvenes: ¡Actuemos ya!"*, 2012. p. 19

[9] Ibídem. p. 18.

naciones de distintas partes del mundo, ya sea en los países árabes, en América Latina, en Europa o los Estados Unidos.

El fracaso en el proceso de socialización de los jóvenes que se da al ser expulsados, precarizados o discriminados por el mercado de trabajo, abre caminos que tienen como expresiones más radicales los movimientos de protesta liderados por estos jóvenes desafiliados en todo el mundo.

Fue una protesta de jóvenes por las altas tasas de desempleo en Túnez el detonante de la caída de un gobierno fuertemente resistido por la población y el comienzo de la llamada "primavera árabe".

En los hechos que terminaron con la caída del régimen de Hosni Mubarak en Egipto, también fueron aquéllos los grandes protagonistas. En ambos países, existen grandes bolsones de pobreza y la desocupación afecta mayoritariamente a los sectores más jóvenes de la sociedad.

Del mismo modo, en España, el movimiento de los "indignados" que ocupó la Puerta del Sol se nutrió de una gran cantidad de jóvenes que reclamaban por la forma en que la dirigencia política española había administrado la crisis financiera desatada en su país, donde se recurrió a recortar el gasto público y los beneficios sociales vinculados con lo que se llamó el "Estado de Bienestar" para sostener a la banca privada.

No por casualidad, este fenómeno se extendió rápidamente a Grecia, donde los jóvenes se levantaron contra el denominado "plan de austeridad" que impusieron los gobernantes para enfrentar la crisis económica que azota el país helénico.

El movimiento conocido como "occupy Wall Street", que nació en Nueva York, se expandió desde allí hasta las principales ciudades de los Estados Unidos, pidiendo por la modificación de un sistema económico y político que beneficia y protege los intereses del sector más rico y minoritario de la sociedad a expensas del más pobre y mayoritario.

A finales de 2011, se registraron protestas encabezadas por jóvenes en cerca de 1.000 ciudades de 82 países distintos.

Unos años antes –en 2005–, en Francia se generó un movimiento social protagonizado por jóvenes hijos de inmigrantes que tuvo expresiones violentas, evidenciadas con la incineración de vehículos en la vía pública. En aquel año se habló de más de 1.300 vehículos quemados. Y hacia fines de 2012 de 45.500 vehículos quemados en un año.

En el caso galo, más allá de la cantidad numérica de coches incinerados, nos interesa remarcar la persistencia de una práctica que comenzó en el 2005 a raíz de un exceso policial, el cual derivó en la muerte de un joven inmigrante en condiciones poco claras. Lo sucedido tiene un trasfondo que está íntimamente relacionado con el desempleo y la desafiliación de jóvenes vulnerables, en este caso, en Francia.

Existen estudios que dan cuenta de esta situación; en uno de ellos se sostiene que *"muchos jóvenes de sectores populares, en gran parte inmigrantes o hijos de inmigrantes, algunos de los cuales contaban con cierto grado de formación o aspiraban a alcanzarlo, eran sistemáticamente marginados de los mejores empleos y, desde allí, de las posibilidades de garantizarse una inserción social asimilable a otros jóvenes franceses de familias burguesas"*[10]. Es por ello que se generó este movimiento de protesta social enfocado en el conurbano parisino.

La vulnerabilidad social de los jóvenes inmigrantes –el sector más desprotegido en los países desarrollados de Europa– también tuvo su expresión en Suecia en mayo del año 2013. La muerte de una persona mayor a manos de la policía por portar un machete en sus manos desencadenó una ola de violencia juvenil que derivó en ataques incendiarios a coches y edificios públicos.

En estas jornadas que duraron varios días, cientos de jóvenes quemaron vehículos y atacaron a las fuerzas de seguridad suecas. Un dato nos permite ver cómo se relacionan estos sucesos con nuestra problemática de estudio y la hipótesis que guía nuestra investigación: los disturbios se concentraron en los barrios donde la mayor parte de la población está compuesta por inmigrantes desempleados.

El de Suecia es un caso particular, pues se trata de uno de los países con mayor justicia social en el mundo. Claramente, la realidad de los barrios marginados de su ciudad capital parece demostrar que –no obstante ostentar uno de los niveles de vida más altos de Europa– el desempleo juvenil entre los sectores más vulnerables es alarmante y la pobreza afecta con particular fuerza a los inmigrantes.

---

[10] Battistini, Osvaldo y Mauger, Gerard. *La difícil inserción de los jóvenes de clases populares en Argentina y Francia*. Prometeo Libros, 2012, p. 11.

América Latina tampoco parece estar exenta de las protestas juveniles. A mediados del año 2013, grandes movilizaciones se adueñaron de las calles en las principales ciudades de Brasil, entre las que se encontraban San Pablo, Río de Janeiro y Brasilia. En este caso, el detonante fue un aumento en el costo del transporte y los excesivos gastos para la preparación del mundial de fútbol a realizarse en el año 2014.

En Brasil, la desocupación entre los jóvenes más que duplica a la tasa general. Para febrero de 2012 se ubicaba en el 5,6% mientras que ascendía a 13,4% la registrada entre los jóvenes[11].

Quizás una de las particularidades del caso brasileño es que, más allá del desempleo juvenil que afecta al país, las protestas fueron protagonizadas por jóvenes estudiantes y empleados urbanos. Uno de ellos afirmaba respecto de su disconformidad para con las decisiones gubernamentales: *"Nuestro país precisa mejor educación y también necesita que haya una buena atención de la salud. ¿Por qué usaron tanto dinero para construir estadios en vez de levantar más hospitales?"*[12].

Allí, la desconfianza en las instituciones se vio plasmada con claridad cuando –en el marco de las protestas que convocaron a más de un millón de jóvenes brasileños– en Río de Janeiro un numeroso grupo intentó entrar al edificio de la Asamblea Legislativa; mientras que en Brasilia los manifestantes llegaron a ingresar en el edificio del Parlamento nacional al grito de *"El Congreso es nuestro"*. En San Pablo, los jóvenes también intentaron ingresar al palacio gubernamental de ese estado provincial.

Si bien es cierto que estos movimientos y protestas no son una reacción directa a la crisis del empleo juvenil, pues hay otros factores que incidieron y aún inciden en el origen y el desarrollo de estas manifestaciones, y que existen grandes diferencias en los contextos y motivaciones que les dieron lugar; parece claro que las frustraciones de los jóvenes por la ausencia de una perspectiva de vida que les permita afrontar el presente y diseñar su futuro, constituye uno de los principales factores desencadenantes.

La magnitud de estos episodios exponen la desconfianza de este grupo poblacional en los paradigmas de ascenso social y también respecto de las

[11] IBGE, Instituto Brasilero de Geografía y Estadística, febrero 2012.

[12] Declaraciones reproducidas en el diario *Clarín*, sección "El Mundo", edición del 18/06/2013.

instituciones vigentes como un medio adecuado para resolver sus inquietudes, al tiempo que ponen en jaque la cohesión social y la credibilidad de sistemas políticos a lo largo y a lo ancho de nuestro planeta.

Una de las respuestas más lúcidas frente a estas protestas fue expresada por el ex presidente de Brasil, Lula Da Silva, quien manifestó que *"la democracia no es un pacto de silencio. Es la sociedad en movimiento, discutiendo y definiendo sus prioridades y desafíos, anhelando siempre nuevas conquistas"*, al tiempo que sostuvo que los jóvenes *"no quieren apenas votar, quieren ser escuchados. Y eso constituye un tremendo desafío para los partidos y los líderes políticos. Supone ampliar las formas de escucha y de consulta… también con los sectores llamados desorganizados, que no por eso tienen necesidades y deseos menos respetables."*

Sin lugar a dudas, el flagelo que supone el desempleo juvenil no es suficiente para explicar y comprender de forma cabal este tipo de manifestaciones protagonizadas por jóvenes en todo el mundo. De hecho, el escenario descripto en los párrafos precedentes se condice con la emergencia de un actor social que reclama instituciones que lo contemple; un actor social que pide por la ampliación de las bases de sustentación democrática y exige –muchas veces de forma violenta– que el sistema político institucional se acerque más a quienes hoy no se sienten representados por él y de respuestas a sus demandas concretas.

Sin embargo, si pretendemos que el sistema político e institucional incorpore a estos jóvenes, debemos abrir un amplio debate respecto de una de las principales demandas que expone la emergencia de este actor social: la necesidad de contar con una perspectiva de futuro, trazada fundamentalmente a partir de la posibilidad de acceder a un empleo decente. Esta demanda a veces es expresada por los jóvenes de forma explícita y otras veces aparece como el contexto casi obligado de las protestas que los tienen como protagonistas.

c) América Latina: una región marcada a fuego por la precarización

La primera pregunta que podríamos hacernos para comenzar a encarar una descripción respecto del panorama que enfrentan los jóvenes al intentar insertarse laboralmente en los países del Cono Sur, es qué proceso socioeconómico permitió y delineó las principales características del mercado de trabajo tal como lo conocemos en la actualidad.

En este sentido, –y excluyendo del análisis los años anteriores a mediados del siglo veinte– las particularidades que adquirieron los países de América Latina están asociadas con un singular proceso que se conoce como "industrialización por sustitución de importaciones", que avanzó hacia mediados del siglo pasado.

Sobre la base de este proceso se fortaleció la fisonomía socioeconómica que determinó la estructura ocupacional hasta los años setenta en la región. Fue también durante esta etapa en la que se acentúa el proceso de diferenciación entre el ámbito familiar y el laboral. Así, los grupos familiares se estructuraron a partir de un hombre que proveía los ingresos del hogar y una mujer dedicada exclusivamente a las tareas domésticas[13]. De la misma forma, en este período es concebida la adultez como la instancia en la que el joven accede a un hogar propio por fuera del que conformaron sus padres, y consigue un empleo que le permite sustentar económicamente su grupo familiar.

Este modelo de sustitución de importaciones fue suplantado a mediados de los setenta, a partir de la aplicación de una serie de medidas y políticas que favorecieron la apertura y la desregulación económica[14]. Entre otras, podemos destacar la conformación de un mercado monetario restrictivo por la suba en las tasas de interés; políticas fiscales regresivas aumentando los impuestos al consumo y reduciéndolos en las rentas personales, la producción y los beneficios empresariales; la liberalización del mercado exterior eliminando barreras aduaneras que protegían ciertas industrias nacionales; y la privatización de los servicios públicos, en el convencimiento de que los agentes privados eran más eficientes que el Estado en la administración de la cosa pública.

Estas políticas produjeron una desindustrialización y una regresividad distributiva que avanzó –lenta pero sin pausa– en toda la región hasta

---

[13] Miranda, Ana, *La inserción laboral de los jóvenes en la Argentina* en Bendit, René, Hahn Marina y Miranda Ana. *Los jóvenes y el futuro*, Prometeo Libros, Buenos Aires, 2008, p. 87.

[14] Ibídem, p. 85.

entrado el siglo veintiuno. Así, se cristalizó una sociedad marcada por la desigualdad y la expansión de la pobreza.

Los cambios socioeconómicos acaecidos determinaron que la forma y las condiciones mediante las cuales los jóvenes se insertaban al mercado laboral fueran mutando. El empleo asalariado se debilitó en tanto herramienta de integración social y la familia también experimentó cambios en su composición; abriendo el debate –aún no saldado– respecto de qué condiciones materiales son las que sostienen el paso de la juventud a la adultez.

Habiendo realizado esta breve introducción, a continuación expondremos los principales datos e indicadores que nos ayudarán a conocer las características centrales de la población joven latinoamericana y la relación que ésta entabla con el mercado laboral.

Respecto de la estructura poblacional, podemos sostener que pese al proceso de envejecimiento que atraviesa la población de América Latina –estimada en unos 582 millones de habitantes– esta región sigue siendo una de las más jóvenes del mundo.

Según distintos cálculos demográficos, alrededor del 26,28% son personas de entre de 15 y 29 años, lo que suma cerca de 153 millones de jóvenes latinoamericanos[15].

Para el año 2010, conforme datos de la OIT[16], la población económicamente activa (PEA) joven rondaba los 50 millones de personas, de las cuales 6,7 millones eran desempleados, número que ubicó a la tasa de desocupación juvenil en el 13%, ocho puntos porcentuales por encima de la correspondiente a los adultos.

Además, dentro del universo de jóvenes ocupados, sólo el 37% contaba con protección social, estimándose que los restantes trabajan en la informalidad y en condiciones precarias.

Estos números permiten sostener que, cerca del 70% de la PEA joven de América Latina, enfrenta dificultades de empleabilidad –sea por estar

---

[15] Se consideraron las proyecciones del Observatorio Demográfico N° 3, publicado por la Comisión Económica para América Latina (CEPAL) y el Centro Latinoamericano y Caribeño de Demografía (CELADE), pp. 30 y 46. (http://www.eclac.org/publicaciones/xml/4/32634/OD-3-cuadros- tables.pdf)

[16] OIT, "Trabajo decente y Juventud en América Latina" Lima, 2010, p. 39.

desempleados o por estar empleados en condiciones de informalidad–situación que coloca a la promoción del trabajo decente para la juventud en uno de los objetivos principales que debe afrontar la región en su camino al desarrollo.

Si bien la inserción al mercado de trabajo debería tener como antecedente un proceso de educación, formación y/o de acumulación de experiencia laboral, la realidad regional nos marca que existen distintos factores que obstaculizan dicha antesala del ingreso al trabajo decente. Entre ellos se destacan el abandono escolar, la incorporación laboral prematura, los embarazos no deseados y los entornos sociales riesgosos.

La educación es un elemento determinante de la relación inclusión/exclusión, en la medida en que la posibilidad de acceder a la misma en un grado de calidad aceptable suele ser requisito para obtener un buen trabajo e ingresos económicos suficientes.

En la sociedad actúan diferentes barreras de exclusión que aíslan de los servicios educativos de calidad a los sectores más desfavorecidos y condicionan sus posibilidades de una inserción laboral decente, contribuyendo a desvalorizar la educación como herramienta de progreso social.

La población joven analfabeta de América Latina es prácticamente marginal (2%), es más elevado el número de jóvenes con educación primaria (19%) y la enorme mayoría está cursando o finalizó la escuela secundaria (65%). Bastantes menos cuentan con estudios terciarios o superiores (14%)[17].

La inserción en este último nivel suele ser más dificultosa debido a que, frente al mismo, se hace más palmaria la "competencia" entre la voluntad de estudiar y la necesidad de trabajar.

Otro de los aspectos importantes a tener en cuenta en este punto es la baja calidad de los distintos niveles educativos y su exigua articulación con el mercado de trabajo.

Si analizamos la inclusión laboral por género, observamos que existe una menor participación de las mujeres en el mercado de trabajo respecto de los varones, aun cuando el nivel educativo alcanzado por ellas es levemente superior.

---

[17] *"OIT, Trabajo Decente y Juventud en América Latina 2010"*, Lima, 2010, pp. 23 y 24.

El porcentaje de varones que trabaja o busca empleo supera en más de veinte puntos porcentuales al de las mujeres en la misma situación[18]. Esto nos marca la pauta de que en el ámbito laboral todavía queda un largo camino por recorrer para alcanzar la igualdad de género.

De acuerdo con cifras de la OIT, en América Latina el 16,2% de los jóvenes no estudia, ni trabaja, ni se encuentra buscando un empleo, constituyendo el grupo que –a priori– aparece como socialmente más vulnerable. Cerca de dos tercios son amas de casa, un dato que ratifica una división sexual del trabajo que posterga a las mujeres a las tareas domésticas y el cuidado de los hijos.

En cuanto al trabajo independiente, se observa que el porcentaje es mucho mayor entre los adultos (32%) que entre los jóvenes (16%).

Dentro de los emprendedores jóvenes se puede distinguir entre aquellos que se dedican a un negocio particular por vocación y quienes lo hacen por necesidad. Estos últimos suelen ver el emprendedorismo como un camino residual que eligen transitar porque no logran acceder a un trabajo asalariado o no encuentran uno que cubra sus expectativas.

Diversos estudios indican que, en América Latina, la mayoría recurre a este tipo de opciones laborales por necesidad. Esa es una de las principales causas del fracaso de los emprendimientos que se desarrollan, en tanto –como lo indican especialistas en la materia– la buena disposición para llevar adelante este tipo de actividades económicas tiene una importancia fundamental para que se desenvuelvan exitosamente.

Por otro lado, los sectores y ocupaciones en los cuales se desempeñan los jóvenes no difieren sustancialmente de la de los adultos. De acuerdo con la OIT[19], los porcentajes de jóvenes en el sector primario, secundario y terciario son de 18%, 24% y 58% respectivamente, mientras que en las personas adultas estas cifras alcanzan el 17%, 22% y 61%.

Lo anterior pareciera demostrar que el desempleo juvenil no es un problema que afecte en forma especial a algún sector de la economía, sino que es un flagelo que alcanza a los jóvenes en general, sin importar la rama de actividad en la que se desempeñen.

[18] Ibídem, p. 41.
[19] Ibídem, p. 65.

Sin embargo, en los hechos vemos cómo las posibilidades de acceso al empleo de los jóvenes se ven condicionadas por el área o conglomerado donde residen, es decir, por su condición o no de ruralidad.

Los residentes en áreas rurales encuentran muchas más dificultades para encontrar empleos decentes que sus pares de áreas urbanas. Otro de los fenómenos asociados con la ruralidad –y su rezago en términos de posibilidades efectivas de desarrollo personal– es la migración de los jóvenes residentes en el campo hacia zonas urbanas.

Si analizamos el nivel de ingresos de los jóvenes latinoamericanos, también observamos una clara desventaja respecto de los adultos.

Su ingreso promedio es prácticamente la mitad[20] y –como consecuencia– aunque los jóvenes representan prácticamente el 20% del total de los ocupados de la región, sólo reciben el 11% de los ingresos.

Es un reflejo necesario de que, proporcionalmente, es mucho mayor la cantidad de trabajadores jóvenes que de adultos en empleos mal remunerados.

Según la OIT, en América Latina, la proporción de jóvenes que perciben el salario mínimo es entre una y media y dos veces superior a la registrada en relación con la población adulta.

Por ejemplo, datos del 2007 correspondientes a Brasil, muestran que el 30,5% de los trabajadores jóvenes estaban mal remunerados, mientras que en la franja de 25 a 49 años el porcentaje descendía al 18,5%.

Si bien es una realidad que pretende explicarse a partir de la falta de experiencia laboral de los jóvenes, no podemos dejar de considerar como causa de esta inequidad a los altos índices de desempleo juvenil que lleva a quienes lo padecen a aceptar condiciones precarias si quieren o necesitan acceder a un trabajo.

Como se dijo, esta situación se vio agravada a partir de la crisis económica mundial del año 2008, en cuyo marco se elevó notablemente la tasa de precariedad de la inserción laboral[21] en términos de ingresos limitados y una escasa protección social.

Tal como señalábamos al comienzo de este apartado –no obstante acentuarse a partir de la crisis financiera mundial de 2008– la precari-

[20] Ibidem, p. 71.
[21] Ibidem, p. 84.

zación en las condiciones de trabajo ha ido *in crescendo* desde los años setenta y se ha acentuado durante la última década del siglo veinte, producto de las políticas neoliberales ejecutadas desde diferentes instancias gubernamentales, así como también por las propias transformaciones de las empresas en el contexto de un mundo globalizado.

Existen numerosos autores que han trabajado el concepto de precarización laboral. Feldman y Galín[22] lo definieron a comienzos de la década del noventa por oposición al que no es típico o normal. Se trata entonces del empleo de tiempo incompleto, donde no fuera posible identificar de forma clara al empleador, y en el que el empleado no estuviera protegido por la legislación laboral y la seguridad social.

Robert Castel[23] se refiere a la precariedad del trabajo como la ausencia de calificación, y la alternancia entre el empleo y el desempleo, que marcan fuertemente la caracterización de los trabajadores en Europa. Del mismo modo, este autor señala la segmentación que se produce a principios de la década del 70 entre los trabajadores precarios y los protegidos. Entre los primeros, se destacan los inmigrantes, las mujeres y los jóvenes, y –en general– todos aquellos trabajadores que no estuvieran en condiciones de adaptarse a un mercado de trabajo en constante transformación.

Castel incluso fue más allá, sosteniendo que la precarización constituye una de las características distintivas de las nuevas formas de empleo, cimentando sus afirmaciones al ver cómo perdía relevancia el contrato por tiempo indeterminado y cobraban protagonismo los contratos por tiempo determinado, el empleo eventual y las jornadas reducidas.

Siguiendo el concepto desarrollado por Feldman y Galín, Beccaria, Carpio, y Orsatti[24] establecen que el empleo precario es aquél que se aleja del empleo asalariado típico, e identifican entre sus características determinantes a la inexistencia de un contrato laboral o la existencia de

[22] Feldman, Silvio. y Galin, Pedro. *"La precarización del empleo en la Argentina. Buenos Aires"*. 1990. CEAL-CIAT-CLACSO.

[23] Castel, Robert. *La metamorfosis de la cuestión social. Una crónica del asalariado.* Paidós, Buenos Aires, 1997.

[24] Beccaria, Luis. Carpio, Jorge. y Orsatti, Álvaro. "Argentina: Informalidad laboral en el nuevo modelo económico". En Carpio, J., Klein, Emilio. y Novakovsky, Irena (Comps.). *Informalidad y exclusión social.* 2000. FCE. Buenos Aires.

contratos de corto plazo; la imposibilidad de identificar fácilmente a un empleador; al hecho de que el lugar de trabajo esté fuera del domicilio del empleador; a la ausencia de negociación colectiva; a la no percepción de componentes remunerativos típicos como puede ser el aguinaldo o las vacaciones; a la no afiliación sindical; y a la ausencia de condiciones de higiene y seguridad.

Existe cierto consenso entre los especialistas respecto de definir la "precariedad laboral" por oposición a la condición de "normalidad" de un empleo, principalmente asociado con la relación laboral por tiempo indeterminado.

En nuestro caso, y para guardar cierta prolijidad conceptual en este trabajo de investigación, lo haremos en oposición a lo estipulado por la OIT, siempre que tomamos de esta organización la caracterización de lo que consideraríamos "empleo decente". Así, el empleo precario significaría contar con un empleo que no sea productivo, que no produzca un ingreso digno, que no cuente con las condiciones necesarias de seguridad en el lugar de trabajo y de protección social para las familias de los trabajadores, un empleo en el que el trabajador tenga vedadas las posibilidades de organización y participación en las decisiones que los afectan, y en donde las mujeres no cuentan con igualdad de trato y oportunidades respecto de los hombres.

En fin, el desempleo y la precarización laboral parecen haberse convertido en un rasgo distintivo del mercado de trabajo latinoamericano, que afecta con especial fuerza a los jóvenes y que ya no se reduce a una rama en particular de la economía o a ciertas actividades específicas, sino que se ha extendido a la totalidad de las relaciones que se dan entre la oferta y la demanda de la fuerza laboral.

La representación de la crisis de empleo que sufren los jóvenes –en particular en los países del Cono Sur con los que compartimos realidades e historias socioeconómicas similares– nos aporta ideas centrales para el diseño de una política que sea capaz de promover el empleo decente entre ellos.

En este sentido, debemos apuntar al desempleo juvenil al tiempo que lo hacemos a la precariedad laboral; y si identificamos a ésta –fundamentalmente y en términos generales– en la expansión de los contratos de corto plazo y en la ausencia de una cobertura social adecuada de los trabajadores, entonces nuestra herramienta debe tener como elemento insoslayable el incentivo a la contratación de jóvenes por tiempo indeterminado.

Por otro lado, una correcta caracterización del escenario latinoamericano nos permite adentrarnos a la realidad argentina con una significativa cantidad de elementos conceptuales que tendrán una enorme relevancia para analizarla.

d) La Argentina: desempleo, informalidad y trabajo precario entre los jóvenes como herencia y continuidad del modelo neoliberal

Los procesos que determinaron la conformación del mercado laboral en nuestro país tal como lo conocemos en la actualidad y la forma en la que éste se relaciona con la población joven estuvo fuertemente marcado por el modelo económico de apertura y desregulación económica impuesto durante la última dictadura militar.

Fue a partir de las medidas implementadas por los gobiernos de facto que se sucedieron a partir de 1976 hasta 1983, pero que no fueron cambiadas en su matriz por los gobiernos democráticos posteriores, que se crearon las condiciones que permitieron la expansión de la pobreza, la desocupación y la precarización laboral, particularmente entre los jóvenes.

Las trasformaciones acaecidas durante las últimas tres décadas modificaron de cuajo la imagen del mercado de trabajo que se tenía hasta ese entonces. Dichas mutaciones se dieron a caballo de una distribución regresiva del ingreso y un aumento de la desocupación y la precarización del trabajo, dejando como resultado un marcado aumento de la pobreza, la exclusión social y la vulnerabilidad.

Frente a la crisis hiperinflacionaria que sacudió al país a fines de la década del ochenta, la respuesta consistió en medidas que no hicieron más que profundizar la tendencia que había comenzado con la dictadura. De esta manera, los trabajadores estuvieron cada vez más expuestos a los contratos de corta duración, a la necesidad de ajustar sus pretensiones salariales y a rotar de un trabajo a otro siempre que las exigencias del mercado así lo impusieran.

Así se fue transformando el mercado de trabajo argentino y los empleos se adaptaron a una demanda cada vez más flexible e inestable. Battistini señala[25] que la conjunción entre las transformaciones en el aparato productivo del país por la retracción del sector industrial y el avance de la producción primaria para la exportación, los cambios en las estructuras empresariales que derivaron en mayor concentración económica, los cambios que se produjeron al interior de la organización del trabajo, junto con el retroceso en la capacidad de intervención del Estado, dejaron a los trabajadores frente a un escenario cada vez más excluyente.

Estos cambios en la estructura productiva y económica fueron acompañados por una serie de políticas implementadas desde comienzos de los años noventa que se conocen como las reformas neoliberales. Las consecuencias de la aplicación de estas políticas tuvieron nefastos resultados en materia de empleo. A saber, en octubre de 1991 la tasa de desempleo se ubicaba en el 6% y el subempleo en 7,9%. Ambos índices treparon sin pausa durante toda la década de noventa para tocar su techo hacia mayo del año 2002, cuando el desempleo se ubicó en el 21,5% y la subocupación en el 18,6%[26].

Otro de los elementos que caracterizaron la conformación del mercado de trabajo durante la década del noventa –y su continuidad en la actualidad– fue la expansión del empleo informal, no registrado, comúnmente conocido como trabajo "en negro".

Desde comienzos de los años 70, la noción y el concepto de sector informal –acuñados en el seno de la OIT– ya formaba parte del vocabulario de los especialistas en ciencias sociales del trabajo.

Sin embargo, en términos históricos el concepto de informalidad se gestó recientemente, poniendo la atención en los trabajadores pobres,

---

[25] Battistini Osvaldo, "La precarización. El camino de lo atípico a lo normal", en Battistini, Osvaldo y Mauger, Gerard. *"La difícil inserción de los jóvenes de clases populares en Argentina y Francia"*. Prometeo Libros, 2012, p. 428.

[26] INDEC, Evolución de tasas de actividad, empleo, desocupación y subocupación. Total Aglomerados Urbanos desde 1974 en adelante.

los informales, que no eran vistos como marginales sino que formaban parte del aparato productivo y cumplían ciertas funciones. La disyuntiva consistía si en considerarlos como ocupaciones de refugio, esperando que surgiera el empleo o bien si se trataba de actividades que eran una alternativa al desempleo. Para la Comisión Económica para América Latina y el Caribe (CEPAL), los informales son concebidos como el producto del capitalismo periférico, que para sobrevivir generan autoempleo con sus características propias debido a una relación especifica entre capital y trabajo.

Respecto de este término –"trabajo informal"– nos detendremos para analizar sus implicancias conceptuales, toda vez que tiene una significación muy asociada con los devenires del mercado de trabajo de los países no desarrollados o en vías de desarrollo, como es el caso argentino.

Hasta comienzos de la década del setenta, a nivel internacional –tanto en el ámbito académico como en el estadístico– estaban consolidadas las definiciones creadas por la OIT para caracterizar los distintos mercados de trabajo en todo el mundo. Así se acuñaron los conceptos de "población económicamente activa", "empleo", "subempleo" y "desempleo".

La cuestión es que los conceptos señalados se habían construido en función de la realidad de los países desarrollados luego de la crisis financiera de los años treinta. Luego de dicha crisis, en los países centrales había avanzado el modelo industrialista y estas definiciones servían para categorizar y clasificar de forma sencilla a las personas en relación con su vínculo al mundo laboral.

Sin embargo, un informe sobre Kenia realizado por investigadores de la propia OIT a comienzos de los setenta[27], dio cuenta de la poca utilidad que tenían las categorías sobre las cuales se venían realizando las investigaciones estadísticas para analizar la realidad ocupacional de un país no desarrollado.

En este país africano –ex colonia británica– con una economía subdesarrollada, la misión de la OIT intentó conocer la magnitud del desempleo a la luz de las definiciones que tradicionalmente utilizaba el organismo.

[27] OIT, *"Employment, Incomes and Equality: A Strategy for Increasing Productive Employment in Kenya"*, 1972, Ginebra.

Los miembros de la OIT que estudiaron el caso de Kenia no encontraron las elevadas tasas de desempleo que a priori esperaban. Por el contrario, hallaron que los subempleados, los trabajadores más pobres, habían encontrado subsistir a través de formas de empleo que estaban al margen de la protección jurídica, desarrollando actividades en pequeña escala, ya sea en la calle o en pequeños talleres domiciliarios. Y que los bienes y servicios producidos por estos trabajadores eran socialmente necesarios, no obstante no ser reconocidos por el sistema jurídico keniata o incluso reprimidos por éste.

Así, se comienza a comprender que la definición de "desempleo" entendida como la que atraviesan *"miembros de la población económicamente activa que, en el momento de las encuestas o censos no tenían un empleo remunerado, pero estaban en condiciones de trabajar y buscaban activamente un empleo"* no era suficiente para comprender la realidad que se pretendía estudiar[28].

Se hablaba de un sector diferente del resto de la economía, que era capaz de generar empleos e incluso autoocupación, constituyéndose en una alternativa frente al desempleo en contextos de crisis.

Las relaciones sociales que se entablan sobre las actividades de producción de la economía informal son distintas de las que prevalecen en el sector formal, siendo que –de acuerdo con lo planteado por la OIT– en la economía informal se pretende asegurar la sobrevivencia y no maximizar la tasa de utilidad.

Los organismos internacionales consideraron que –en tanto proveían recursos necesarios para la sociedad– las actividades informales eran una suerte de mal menor. Lo que correspondía entonces era crear las condiciones para generar empleos estables minimizando los efectos nocivos que la economía informal acarreaba para los individuos.

Pero las reformas inspiradas en el Consenso de Washington –y sus secuelas– propiciaron un incremento en el porcentaje de los trabajadores informales. En nuestro país, se pasó de 25,2% de trabajadores no registrados en mayo de 1990, a 43,8% en octubre de 2002[29].

---

[28] Ibidem.

[29] Dirección General de Estudios y Formulación de Políticas de Empleo, en base a la EPH, INDEC.

La OIT consideró esta realidad de los países subdesarrollados, buscando enfrentarla a partir de la generación de empleos que pudieran proporcionar salarios que aseguraran la reproducción de la fuerza de trabajo, redujeran la pobreza y permitieran la protección social de los trabajadores. En fin, la posibilidad de acceder a un "empleo decente", término utilizado a partir de los primeros años del siglo veintiuno. Entonces, en la economía informal, habría un déficit de "trabajo decente".

El empleo informal incluye a los trabajadores por cuenta propia dueños de sus propias empresas del sector informal; a los empleadores dueños de sus propias empresas del sector informal; a los trabajadores familiares auxiliares; a los miembros de cooperativas de productores informales; a los trabajadores por cuenta propia que producen bienes exclusivamente para el uso final de su hogar, si dicha producción constituye un aporte importante al consumo total del mismo; y a los asalariados que tienen empleos informales en empresas del sector formal, informal o en hogares.

De esta forma, los trabajadores informales lo son cuando su relación de trabajo, de derecho o de facto, no está sujeta a la legislación laboral nacional ni al impuesto sobre la renta, cuando no gozan de protección social ni de determinadas prestaciones relacionadas con el empleo. También se aplica el concepto cuando el reglamento laboral no tiene vigencia efectiva[30].

En nuestro país, el Instituto Nacional de Estadísticas y Censos (INDEC), entiende que los trabajadores informales son aquellos asalariados sin descuentos jubilatorios.

Tal es la relevancia que adquiere el concepto de precariedad e informalidad en nuestro país, que especialistas en la materia como Pérez Sosto y Romero[31] sostienen que la nueva cuestión social está vinculada con la precarización laboral, cuya existencia incentiva la sensación de pérdida de identidad y una incertidumbre sobre el futuro. Y avanzan aún más al

[30] Para conocer con más detalle recomendamos consultar el Informe sobre Trabajo No Registrado elaborado en conjunto por el CONICET y el Ministerio de Trabajo de la Provincia de Buenos Aires. (http://www.trabajo.gba.gov.ar/documentos/Informe_Trabajo_No_Registrado/Informe_sobre_Trabajo_No_registrado.pdf)

[31] Pérez Sosto, Guillermo y Romero, Mariel *"La cuestión social de los jóvenes"*. Documento de trabajo.

sostener que lo que la precarización laboral quiebra no es otra cosa más que la misma organización social como imaginario colectivo.

En fin, las condiciones que determinaron la coyuntura económica de los 90 eclosionaron en la crisis del 2001, cuando la pobreza alcanzó a más del 50% de la población urbana. A partir del 2003, y luego de una fuerte devaluación y una pesificación asimétrica, comenzó un proceso de crecimiento económico y lenta disminución de los niveles de pobreza que aún afecta a uno de cada cuatro argentinos[32].

De hecho, si analizamos la distribución del ingreso a partir de la evolución del Coeficiente de Gini (se calcula en base a las cifras oficiales de cada país, y oscila entre 0 para la distribución más igualitaria y 1 para la más desigual), en 1974 el mismo era de 0,345. Aumentó durante la década del noventa hasta alcanzar un pico en el 2003 de 0,53. Allí comienza a bajar, pero –aún con la intervención del INDEC– en el año 2013 sólo llegó a equiparar la situación de comienzos de los noventa y sigue estando muy lejos de los valores alcanzados a comienzos de los setenta.

En este sentido, la caída de la desigualdad observada a partir del año 2003 es similar a la registrada entre 1990 y 1993 luego de la hiperinflación. Se trata de estabilizaciones económicas luego de fuertes crisis y "logros" que los gobiernos consiguen a partir de comparaciones con los peores momentos económicos del país (1989 y 2001).

Respecto de la composición poblacional, en la actualidad la Argentina se encuentra entre los países de América Latina con una transición demográfica más avanzada y –por lo tanto– con una menor participación de los jóvenes en el total del grupo poblacional.

Las personas entre 15 y 24 años alcanzan los 6,8 millones, convirtiéndose –según datos del año 2010– en el tercer grupo del total de nuestra población, equivalente al 17,1%.

Respecto de esta situación –que nuestro país comparte en la región con Uruguay y Chile– los especialistas señalan que supone una gran

[32] De acuerdo con el INDEC, la pobreza –para el segundo semestre de 2012– afectaba sólo al 5,4% de la población. Sin embargo, sus mediciones han sido duramente cuestionadas por distorsionar los precios que miden la Canasta Básica Total, que resulta determinante para medir la pobreza. Por ello, para el caso de la pobreza, tomaremos las mediciones del Observatorio Social de la UCA, que para el 2012 la ubicaba en 26,9%.

oportunidad para *"optimizar las políticas públicas dirigidas a este grupo"*[33], por su menor peso específico en el conjunto poblacional.

En cuanto a su participación en la fuerza laboral –tal cual lo afirma la OIT en su estudio *"Un nexo por construir: Jóvenes y trabajo decente en la Argentina"*– los jóvenes representan una elevada proporción, con un registro que –en el 2010 y para el total del país– alcanzaba el 24%[34].

Esta representación se acentúa en determinadas regiones del país, que son justamente aquellas en las que los jóvenes tienen una participación en el total poblacional más elevada, como es el caso del Noreste Argentino (NEA) y el Noroeste Argentino (NOA).

Como se detalla más adelante, la tasa de desempleo que se registra entre los jóvenes es notablemente superior a la de los adultos, resultando sensiblemente mayor la desocupación entre las mujeres jóvenes.

Se trata de datos que no puede obviar ni siquiera el INDEC, aun cuando sus mediciones sobre desempleo también han sido cuestionadas en cuanto a la reducción de la cantidad de tiempo durante el que una persona tiene que haber buscado trabajo para ser considerada desempleada.

Puntualmente, para definir al entrevistado que no está trabajando como una persona económicamente activa, pasó a tomarse en cuenta si buscó trabajo en la semana anterior al momento de contestar el cuestionario, cuando antes era el mes anterior. De esta forma, se puede engrosar el número de población inactiva y es factible suponer la existencia de un "desempleo encubierto" que no es registrado por la tasa de desempleo que publica el INDEC.

El posible impacto de estas modificaciones metodológicas en la medición del desempleo puede advertirse en los datos que brinda el propio organismo, conforme los cuales –en el período 2004-2013– la tasa de actividad de los menores de 30 años descendió 7,5 puntos porcentuales en el caso de las mujeres y 4,6 puntos en el de los varones[35].

Por otra parte, la tasa de actividad entre los menores de 30 años y su comparación con la tasa de actividad general son elementos no menores a la hora de estudiar la crisis del empleo juvenil.

[33] OIT. *"Un nexo por construir: Jóvenes y trabajo decente en Argentina"*. 2011, p. 19.

[34] Encuesta Permanente de Hogares (EPH), 4to. trimestre de 2010.

[35] Comparación del 2do. trimestre de 2004 con igual trimestre de 2013.

Entre los varones, la tasa de actividad general es del 72,4%; mientras que desciende 14,3 puntos porcentuales para los menores de 30 años, llegando al 57,8%. Entre las mujeres, mientras la tasa de actividad general es del 47,6%, para las menores de 30 años el mismo indicador se ubica en 39,2%[36].

Es decir que, el porcentaje de varones jóvenes activos –que trabajan o buscan empleo– supera en 18,6 puntos porcentuales al de las mujeres de igual rango etario en la misma situación[37]. Este escenario pareciera confirmar la persistencia de la estructura familiar y ocupacional –ya descripta en apartados anteriores– que relega a las mujeres a las tareas domésticas y al cuidado de los hijos; mientras que los hombres son los encargados de proveer los ingresos monetarios del hogar.

Si bien puede argumentarse que las diferencias en las tasas de actividad entre jóvenes y adultos pueden tener que ver con que muchos jóvenes permanecen económicamente inactivos hasta culminar sus estudios secundarios o universitarios, la realidad de un país en el que sólo el 43% de sus habitantes termina el nivel medio[38], pareciera indicar otra explicación menos alentadora.

En este sentido, merece destacarse cómo la Argentina –alguna vez considerada referencia educativa de la región– hoy se ubica entre los países con menor tasa de graduación de América Latina, por debajo de Perú (70%), Chile (70%), Colombia (64%), Bolivia (57%), Paraguay (50%) y Ecuador (48%).

Las menores tasas de actividad se registran en las zonas más postergadas del país. El NOA –con 7,2 puntos porcentuales menos de nivel de actividad para el caso de las mujeres y 6,4 para los varones– y el NEA –con 14,3 puntos menos entre las mujeres y 15,9 entre los varones– que no son justamente las que alcanzan mayores índices de escolaridad.

De hecho, la tasa de analfabetismo en el NOA prácticamente duplica a la general y en el NEA es dos veces y media mayor a la que corresponde al total del país[39].

[36] Cifras publicadas por el INDEC para el 2do. trimestre de 2013.

[37] INDEC, 2º. trimestre 2013.

[38] UNESCO, *"Global Education Digest"*. 2010.

[39] Censo Nacional 2001. INDEC (Total país 2.6%, NEA 6,7% y NOA 4,1%).

Tasa de actividad por región. Menores de 30 años.
Cifras correspondientes al 2do. trimestre de 2013

	Total 31 aglomerados urbanos	Gran Buenos Aires	Cuyo	Noreste	Noroeste	Pampeana	Patagónica
Tasa de actividad general	59,4%	61,8%	55,6%	48,2%	57,2%	58,6%	58,1%
Mujeres menores de 30 años	39,2%	42,8%	31,8%	24,9%	32,0%	41,2%	36.8%
Varones menores de 30 años	57,8%	63,8%	50.5%	41,9%	51,4%	55,1%	53,1%

En cuanto a la tasa de desocupación, según los datos del INDEC para el segundo trimestre de 2013, mientras la general se ubicó en el 7,2%, la tasa de desempleo entre mujeres de hasta 29 años alcanzó el 17,3% y entre varones de esa misma edad, el 13,1%. De acuerdo con datos extraoficiales, se trataría de alrededor de 700.000 jóvenes en esa condición.

La marginación sufrida por los jóvenes en el mercado de trabajo puede verse con más claridad si se comparan sus índices de desempleo con los que presentan quienes tienen entre 30 y 64 años.

Para el segundo trimestre de 2013, el desempleo entre los varones de hasta 29 años más que triplicaba al registrado entre los mayores de 30 (13,1% contra 3,7%, respectivamente).

Idéntica situación se daba entre las mujeres, donde el índice de desempleo entre las menores de 30 años también era tres veces superior al de las mayores de esa edad (17,3% contra 5,6%). Es decir, los jóvenes de nuestro país tienen tres veces más posibilidades de estar desempleados que los adultos.

Siguiendo casi las mismas tendencias que el desempleo en general, la desocupación juvenil tampoco golpea con la misma fuerza a todas las regiones del país.

Por lo general, está más acentuada en el Gran Buenos Aires, la Región Pampeana, la Patagónica y el Noroeste, mientras que decrece en Cuyo y el Noreste.

Índices de desempleo y desempleo juvenil por región, segundo trimestre de 2013 (datos del INDEC).

Indicador	Total 31 Aglomerados Urbanos	Gran Buenos Aires	Cuyo	Noreste	Noroeste	Pampeana	Patagónica
Tasa de desocupación	7,2%	7,6%	5,1%	2,5%	5,8%	8,5%	6,6%
Tasa de desocupación de Mujeres de hasta 29 años	17.3%	17.5%	14,1%	5,0%	13,7%	21,1%	16.8%
Tasa de desocupación de Varones de hasta 29 años	13,1%	13,5%	6,8%	6,3%	10,7%	16,1%	12,5%

Atentos a las irregularidades que desde hace algunos años han puesto en tela de juicio las mediciones en el INDEC, a los cambios en la medición de la tasa de desempleo que pueden derivar en un "desempleo encubierto" tras la tasa de actividad, y con el objeto de que el lector pueda tener acceso a mediciones alternativas a las oficiales, nos permitiremos contrastar las cifras del INDEC con una medición privada, en este caso la realizada por el Observatorio de la Deuda Social Argentina (ODSA), proyecto de investigación dependiente de la Universidad Católica Argentina[40].

---

[40] Esta investigación utiliza una metodología probada y aporta 5.700 casos de todo el país, por lo que el margen de error es bajo. Las mediciones realizadas por el

El ODSA ubicó en el 2012 a la tasa de desempleo entre los jóvenes en 21,9%. Respecto de las diferencias según el género, registró una tasa de desocupación de 31,6% para las mujeres de 18 a 24 años, y de 16,3% para los hombres de la misma edad.

Es de notar que si bien toma franjas etarias distintas a las del INDEC –que mide la desocupación entre los mayores de 14 años y los menores de 30, mientras que el ODSA se centra en los jóvenes entre 18 y 24 años–, se trata de cifras sensiblemente mayores a las registradas por el organismo oficial.

Asimismo, sus estudios afirman que de la población joven económicamente activa en 2012 sólo el 29,2% accedió a un empleo pleno –definido como la existencia de aportes previsionales y continuidad laboral–, mientras que el 70,8% restante se distribuían entre quienes estaban desempleados (21,9%), quienes tenían un empleo precario (33,7%) –entendido como el empleo en donde no se realizan aportes previsionales ni existe continuidad laboral– y los jóvenes que estaban subempleados de forma inestable (15,3%) –caracterizado como el empleo en el cual no se realizan aportes previsionales, no hay continuidad laboral, existe una baja remuneración y/o son beneficiarios de un programa de empleo–[41].

Si bien –aun tomando los datos del INDEC o el ODSA– en comparación con los alarmantes índices de desempleo juvenil que se registran en Europa por estos días, los registros nacionales parecen moderados; los especialistas encuentran raíces mucho más profundas y estructurales de esta problemática en los países emergentes que en los centrales.

Como ocurre en otros lugares del mundo, durante los ciclos recesivos en nuestro país, los jóvenes –sobre todo las mujeres– son más perjudicados por los despidos y la falta de empleo que las personas adultas; mientras que en los ciclos expansivos continúan relegados del mercado laboral o se insertan en condiciones de precariedad como empleados "en negro".

ODSA son utilizadas por gobernadores de distinto signo político y embajadores que envían información a sus respectivos países.

[41] Barómetro de la Deuda Social Argentina. Observatorio de la Deuda Social Argentina, Pontificia Universidad Católica Argentina. *"Desajustes en el Desarrollo Humano y Social (2010-2011-2012)- Inestabilidad económica, oscilaciones sociales y marginalidades persistentes en el tercer año del Bicentenario"*. Salvia, A. (coordinador), pp. 182 y 183.

Así lo ratifica el análisis de los cuadros que siguen, en los cuales se observa la evolución de las tasas de desocupación y desocupación juvenil, durante el período 2004-2013.

Índices de desempleo y desempleo juvenil 2004/2013. Cuadro de elaboración propia a partir de datos publicados por el INDEC

	Tasa de desocupación	Tasa de des-ocupación de mujeres hasta 29 años	Tasa de des-ocupación de varones hasta 29 años
2do. trimestre 2004	14,80%	27,20%	21,50%
3er. trimestre 2004	13,20%	25,20%	19,80%
4to. trimestre 2004	12,10%	22,70%	17,80%
1er. trimestre 2005	13,00%	26,30%	19,20%
2do. trimestre 2005	12,10%	24,60%	16,50%
3er. trimestre 2005	11,10%	22,50%	17,20%
4to. trimestre 2005	10,10%	20,60%	15,30%
1er. trimestre 2006	11,40%	23,90%	15,90%
2do. trimestre 2006	10,40%	21,60%	14,00%
3er. trimestre 2006	10,30%	22,20%	15,70%
4to. trimestre 2006	8,70%	19,50%	12,20%
1er. trimestre 2007	9,80%	22,50%	14,30%
2do. trimestre 2007	8,50%	18,90%	13,50%
3er. trimestre 2007	7,40%	17,50%	11,60%
4to. trimestre 2007	7,50%	16,40%	9,80%
1er. trimestre 2008	8,40%	18,70%	13,20%
2do. trimestre 2008	8%	16,60%	12,60%
3er. trimestre 2008	7,80%	17,50%	12,50%
4to. trimestre 2008	7,30%	15,40%	10,60%
1er. trimestre 2009	8,40%	18,80%	13,70%
2do. trimestre 2009	8,00%	18,60%	14,20%

	Tasa de desocupación	Tasa de desocupación de mujeres hasta 29 años	Tasa de desocupación de varones hasta 29 años
3er. trimestre 2009	9,10%	18,60%	14,80%
4to. trimestre 2009	8,40%	18,80%	13,50%
1er. trimestre 2010	8,30%	20,10%	11,30%
2do. trimestre 2010	7,80%	17,70%	13,40%
3er. trimestre 2010	7,40%	17,20%	12,60%
4to. trimestre 2010	7,30%	17,80%	12,60%
1er. trimestre 2011	7,40%	16,60%	12,40%
2do. trimestre 2011	7,40%	16,90%	11,30%
3er. trimestre 2011	7,20%	17,00%	12,50%
4to. trimestre 2011	6,70%	16,70%	11,90%
1er. trimestre 2012	7,10%	17,50%	11,80%
2do. trimestre 2012	7,20%	14,80%	13,30%
3er. trimestre 2012	7,60%	19,50%	11,90%
4to. trimestre 2012	6,90%	16,60%	9,90%
1er. trimestre 2013	7,90%	19,70%	13,90%
2do. trimestre 2013	7,20%	17,30%	13,10%

Variación interanual de los mismos índices, expresada en porcentajes.[42]

	Tasa de desocupación	Tasa de desocupación de mujeres hasta 29 años	Tasa de desocupación de varones hasta 29 años
2004/2005	-18,24%	-9,56%	-23,26%
2005/2006	-14,05%	-12,20%	-15,15%
2006/2007	-18,27%	-12,50%	-3,57%
2007/2008	-5,88%	-12,17%	-6,67%
2008/2009	+10%	+12,05%	+12,70%
2009/2010	-11,36%	-4,84%	-5,63%
2010/2011	-5,12%	-4,51%	+15,67%
2011/2012	-2,70%	-12,40%	+17,70%
2012/2013	0%	+16,89%	-1,50%

Variación 2004/2013 de los mismos índices, expresada en porcentajes

	Tasa de desocupación	Tasa de desocupación de mujeres hasta 29 años	Tasa de desocupación de varones hasta 29 años
2004/2013	-51,35%	-36,39%	-39,06%

[42] Para calcular las variaciones interanuales se tomaron en cuenta las tasas de los segundos trimestres, que son con las que se cuentan para hacer la comparación de todos los años.

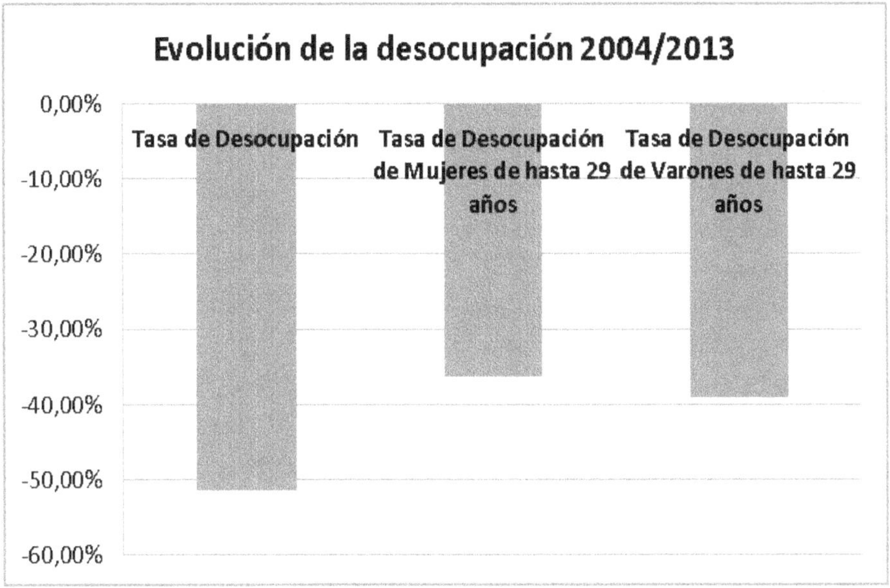

Tal como se observa en los cuadros precedentes, producto de la recuperación económica, se registró una baja de los índices de desocupación. Pero la caída de la tasa entre los jóvenes fue muy inferior a la de la tasa general, evidenciando un descenso más de doce puntos porcentuales inferior para los varones menores de 29 años y más de catorce puntos porcentuales inferior para las mujeres de la misma edad.

Sin embargo, desde el año 2008, la desocupación juvenil ha frenado su caída e incluso han aumentado los índices tanto para los hombres como para las mujeres. De hecho, en el segundo trimestre de 2013, los índices son mayores a los registrados en igual período de 2008 (16,6% contra 17,3% para las mujeres de hasta 29 años, y 12,6% contra 13,1% entre los hombres de la misma edad). Quizás el dato más ilustrativo respecto de las particularidades que presenta el fenómeno que estamos analizando, sea que el aumento del desempleo juvenil no ha sido acompañado por un aumento del desempleo en general, que descendió en el mismo período que subió el juvenil.

En definitiva, el proceso de crecimiento económico que vivió nuestro país desde el año 2003 hasta la actualidad –recordemos que durante este periodo el Producto Bruto Interno creció sin interrupciones a razón de

+8,8% en 2003, +9% en 2004, +9,2% en 2005, +8,5% en 2006, +8,5% en 2007, +7% en 2008, +0,9% en 2009, +9,2% en 2010, +8,9% en 2011, y +1,9% en 2012[43] –, no fue suficiente para resolver las limitaciones que sufren los jóvenes para incorporarse al mercado de trabajo en comparación con los adultos.

Podría incluirse en este análisis y someterse a debate el impacto que ha tenido sobre la configuración de este escenario la inflación o la desaceleración económica sufrida a partir del año 2007, si fue consecuencia de cambios sucedidos en el sector agroexportador, si fue por los impactos de la crisis financiera internacional, por el agotamiento de un modelo económico, o una mezcla de todos estos factores. Lo incontrastable es que la calidad del empleo de los jóvenes presenta, en comparación con los adultos, mayores desventajas y una gran cantidad de derechos vulnerados.

De hecho, estamos convencidos que luego de la salida de la crisis de 2001 y después de años de crecimiento a "tasas chinas", la Argentina tiene a los jóvenes en el centro de la escena de la cuestión social.

Mientras que en el año 2004 la tasa de desocupación entre las mujeres jóvenes era 1,83 veces la general, para el mismo período del año 2013 era 2,40 veces superior.

Idéntica situación se da entre los varones. En el año 2004, la tasa de desocupación masculina para los menores de 29 años era 1,45 veces más elevada que la general y, en el año 2013, la superaba 1,81 veces.

En el único período interanual durante el cual el desempleo aumentó producto del impacto de la crisis financiera internacional (2008/2009), entre los varones y mujeres jóvenes lo hizo dos puntos porcentuales por encima de la evolución registrada en la tasa de desocupación general. Y en el período interanual en el que la desocupación no registró cambios (2012/2013), la desocupación entre las mujeres jóvenes aumentó casi 17 puntos porcentuales, poniendo de manifiesto la brecha de género que caracteriza el desempleo juvenil.

Otra de las particularidades salientes respecto de la caracterización de los jóvenes desempleados argentinos está dada por la dificultad que encuentran para sostener el empleo en el tiempo.

[43] INDEC, Producto Interno Bruto (PIB) a precios constantes de 1993.

De hecho, dos tercios de los jóvenes desempleados argentinos no eran nuevos ingresantes al mercado de trabajo[44], sino que ya habían tenido una ocupación anterior. Precisamente, entre los jóvenes desempleados, aproximadamente el 65% ha tenido una ocupación anterior, mientras que el 35% restante son ingresantes al mercado de trabajo.

Así, si quisiéramos comprender e indagar respecto de por qué los jóvenes muestran mayores tasas de desempleo que los adultos, deberíamos buscar la explicación más por los problemas relacionados con la falta de continuidad en un trabajo que con la imposibilidad de acceder a él. Pérez Sosto sostiene una hipótesis en este sentido[45], afirmando que el desempleo juvenil no es suficientemente explicado a partir de los problemas vinculados con la "entrada al empleo", sino que estaría más relacionado con la forma en la cual "entran al desempleo".

Los jóvenes entran en situaciones de desempleo con mayor frecuencia que los adultos y por diferentes razones, entre las cuales se puede señalar la menor experiencia laboral, el menor costo de despido, o la presencia de herramientas jurídicas que facilitan la precariedad laboral de aquellos. Es decir, tienen incluso más posibilidades de acceder a un empleo que un adulto; sin embargo las chances del joven de mantenerlo en el tiempo son infinitamente menores a las de aquel.

Esta situación marca las limitaciones que pueden tener los programas o legislaciones llamados de "primer empleo", enfocados en promover el contacto de los jóvenes con el mercado de trabajo más que en brindarle a las empresas que los contratan herramientas e incentivos para mantener los empleos en el tiempo, beneficiando así a este grupo etario. Y al mismo tiempo, nos orienta respecto de dónde debe estar la columna vertebral de una política que pretenda atender esta cuestión.

También los jóvenes constituyen el grupo más afectado por la no registración de las relaciones laborales. Más del 50% de los ocupados de esta franja etaria no tienen descuento jubilatorio, no gozan de vacaciones ni de días pagos por enfermedad, carecen de obra social y no perciben aguinaldo.

[44] OIT. *"Un nexo por construir: Jóvenes y trabajo decente en Argentina"*. 2011.

[45] Pérez Sosto, Guillermo y Romero, Mariel *"La cuestión social de los jóvenes"*. Documento de trabajo.

La incidencia de la informalidad laboral juvenil también difiere según la región del país. En el NOA y el NEA, se supera ampliamente la media nacional, con tasas que llegan al 80% en los varones y el 77% entre las mujeres.

Las tasas más "bajas" se dan en el Gran Buenos Aires, donde se registra un 52% de informalidad entre los varones jóvenes y un 50% entre las mujeres de la misma franja etaria.

La condición de informalidad también está directamente asociada con el descenso del salario promedio percibido por hora en los jóvenes. De esta forma, entre los trabajadores registrados, el salario promedio por hora es un 50% mayor de lo que perciben quienes no están registrados[46].

Asimismo, existe una amplia brecha salarial entre jóvenes y adultos, calculándose que el salario promedio de los jóvenes es un 40,4% menor al que perciben las personas de entre 25 y 64 años.

Además, la remuneración percibida por los jóvenes evolucionó desfavorablemente respecto del salario mínimo vital y móvil (SMVM), durante el período de crecimiento económico.

La proporción de jóvenes empleados con salarios por debajo del SMVM se incrementó en el año 2008 respecto del 2003, pasando de 22,5% al 27,3% respectivamente. Para el año 2010 esa cifra se ubicó en 25,3%, todavía por debajo de lo registrado en 2003[47].

La situación descripta en los párrafos precedentes nos muestra de manera cabal gran parte del escenario sobre el cual deberá desarrollarse una política efectiva en materia de promoción del empleo docente entre los jóvenes.

Jóvenes en las áreas rurales

Lamentablemente, la Argentina adolece de un relevamiento representativo y constante en el tiempo que dé cuenta de la situación laboral de los jóvenes que residen en áreas rurales.

---

[46] OIT. *"Un nexo por construir: Jóvenes y trabajo decente en Argentina"*, 2011, p. 52.
[47] Ibidem, pp. 30 y 31.

No obstante, en el año 2011, el INDEC dio a conocer un trabajo que –aunque parcial– nos permite tener una aproximación a las condiciones en las cuales estos jóvenes se insertan en el mercado de trabajo[48].

Según este relevamiento, la participación laboral de jóvenes de entre 16 y 24 años alcanza un promedio de 31,4% sobre el total de los trabajadores rurales, 7,4 puntos porcentuales más que en las zonas urbanas.

La brecha de género en el desempleo también es más profunda en el ámbito rural. La tasa de desocupación entre las mujeres es 3,7 veces mayor a la de los varones en el promedio de las cinco provincias donde se realizó la encuesta.

De la misma manera, la informalidad se siente con mayor fuerza entre los jóvenes de las zonas rurales. Allí, la tasa de trabajo asalariado no registrado asciende a 69,8% para los jóvenes entre 16 y 24 años, casi 20 puntos porcentuales más que entre los residentes en áreas urbanas de la misma edad.

Finalmente, cerca del 79% de los jóvenes trabajadores rurales recibe salarios por debajo del salario mínimo vital y móvil, revelando una distancia con sus pares residentes de áreas urbanas de más de 50 puntos porcentuales.

Por otro lado, en esta variable se registran diferencias importantes por género, con cifras que alcanzan al 74% de los varones y al 91% de las mujeres con salarios por debajo del mínimo vital y móvil.

Se trata de una realidad que aparece como más crítica aún que la registrada en los centros urbanos, siendo más golpeados por las variables que determinan el empleo precario y las condiciones de vulnerabilidad. Así, la brecha de género respecto del desempleo es mayor en áreas rurales que en las urbanas, al igual que es mayor la incidencia de la no registración de las relaciones laborales, de la misma forma que los jóvenes de áreas rurales son más perjudicados en términos del monto de los salarios que perciben.

Si bien puede señalarse que estos datos tienen un impacto marginal en la realidad nacional producto de que la Argentina es un país eminentemente urbano, con prácticamente un 90% de la población viviendo

---

[48] Este trabajo se realizó durante el primer semestre de 2010 y abarcó solo a las provincias de Mendoza, Misiones, Río Negro, Salta y Santa Fe.

en localidades de más de 2.000 habitantes[49], estos estudios –aunque incompletos y que por lo tanto no nos permiten realizar un diagnóstico certero– nos indican que los jóvenes residentes en áreas rurales pueden constituir el grupo más vulnerable en términos de acceso y precariedad en el empleo.

Los jóvenes ni-ni y otros particularmente vulnerables. El núcleo central de las políticas sociales más urgentes.

Aun cuando la OIT lo considera un grupo heterogéneo cuyo abordaje implica agregar realidades muy disímiles –como pueden ser las jóvenes mujeres amas de casa en el marco de un hogar de ingresos medios o altos, con jóvenes en grave riesgo de anomia social de los estratos socioeconómicos más bajos–, otro universo particularmente vulnerable a tener en cuenta y que sólo se encuentra parcialmente contemplado en las cifras de desempleo juvenil son aquéllos que no estudian ni trabajan.

En la Argentina, se trata de cerca de un millón de jóvenes, de acuerdo con un informe de la UNESCO[50] realizado en base a cifras de la Encuesta Permanente de Hogares del INDEC. Este informe demuestra que la población argentina de 15 a 24 años que no estudia ni trabaja creció de 846.000, en 2003, a 993.000, en 2010. Es decir, se incrementó en un 17,3%.

Por otra parte, el alto nivel de analfabetismo, la baja escolaridad y las bajas tasas de actividad registradas en las regiones más pobres del país parecieran manifestar que la problemática de los jóvenes que no estudian ni trabajan es especialmente acentuada en esas zonas de la Argentina.

En su definición de "jóvenes particularmente vulnerables", Pérez Sosto[51] incluye a los desempleados que abandonaron sus estudios –que contabilizan 283.000–; a los jóvenes desempleados que abandonaron sus estudios y que tienen responsabilidades familiares –que contabilizan 34.000–; a los jóvenes que tienen un empleo precario y que abandonaron

---

[49] De acuerdo con los datos del censo 2001, la población rural (agrupada y dispersa), alcanzaba al 10,96% de la población total del país.

[50] UNESCO, *"Global Education Digest"*. 2010.

[51] Pérez Sosto, Guillermo y Romero, Mariel *"La cuestión social de los jóvenes"*. Documento de trabajo.

sus estudios –que suman 1.016.000– y a los jóvenes que no estudian, no trabajan ni buscan trabajo –que son 964.000 y que el autor considera desafiliados–.

En fin, estamos hablando de más de dos millones de personas jóvenes que están en serio riesgo de integración social, con derechos vulnerados y escasas proyecciones a futuro de realización personal.

Toda esta información expresa la existencia de una profunda crisis del empleo de los jóvenes en la Argentina que –tras el ciclo macroeconómico, quizá, más favorable de la historia de nuestro país– no ha logrado revertirse, revelando la ausencia de estrategias eficaces para superarla.

En este sentido, son estos 2.297.000 jóvenes quienes deben constituir la preocupación central de las políticas de integración social que es necesario afrontar de manera urgente en nuestro país.

Las organizaciones sindicales frente al desempleo y la precarización laboral entre los jóvenes. La necesidad de pensar en nuevas prácticas y modelos sindicales.

Otra de las aristas sobre las cuales se puede trabajar en función de un estudio que pretende dar cuenta del fenómeno del desempleo y la precarización laboral juvenil en nuestro país, es la forma en la cual las organizaciones sindicales se adaptan –o no– a la nueva realidad del mercado de trabajo.

Tal como planteamos anteriormente, la combinación de la devaluación con excepcionales condiciones internacionales dio lugar a un ciclo expansivo de la economía en la Argentina a partir del año 2002. Sin embargo, uno de los puntos más destacados que caracterizan el modelo iniciado luego de la crisis de 2001 –y que a su vez marca una continuidad respecto de la década del noventa– es el crecimiento del trabajo precario, al punto de constituir un rasgo distintivo del mercado laboral.

La precariedad se ha expandido y naturalizado de tal manera que basta con analizar las relaciones laborales que se dan dentro del propio Estado. En este sentido, si bien adolecemos de cifras oficiales, se habla de casi 40.000 empleados precarizados sólo en el Estado nacional. Obviamente que este número se incrementaría sustancialmente si sumamos los trabajadores que dependen de los estados provinciales y municipales.

En el sector privado, una de las formas que toma la precarización laboral –y que está íntimamente relacionada con las estructuras sindicales– es la llamada "tercerización".

De acuerdo con lo señalado por María Alejandra Esponda[52], la tercerización se origina en la necesidad de incrementar la productividad en los fines del tipo de producción "fordista"[53] que dio comienzo al "toyotismo"[54] en Japón en la década de 1970. A nuestro país llegaría de la mano de las reformas desregulatorias implementadas por la dictadura, y en un contexto internacional en el que las grandes empresas transnacionales desarrollaron estrategias de relocalización y descentralización de sus cadenas productivas.

Así, algunos –o a veces todos– los tramos del proceso de producción que anteriormente estaban integrados en una misma instalación en los países centrales, se localizan en estados periféricos en línea con las sustanciales diferencias en el costo laboral y las menores regulaciones estatales y fiscales. De la misma forma, actividades que anteriormente se integraban en una misma corporación, pasan a desarrollarse en varias, dando lugar a la flexibilización de las modalidades de contratación.

La OIT define la tercerización o trabajo triangular cuando en una relación de trabajo surge el hecho de que los trabajadores de una persona (proveedor o suministrador) trabajan para una tercera persona (usuario).

---

[52] Esponda, María Alejandra *"Tercerización: aportes para un estudio de sus orígenes, formas de conceptualización e impactos en América Latina"* (Informe del Programa Estudios del trabajo, movimiento sindical y organización industrial, Sede Área de Economía y Tecnología). Buenos Aires, FLACSO, 2013.

[53] Se conoce con este nombre al modo de producción en cadena que llevó a la práctica Henry Ford en su fábrica de automóviles en Estados Unidos. Se caracterizó por ser un sistema que contaba con una organización del trabajo altamente especializada y establecida a través de cadenas de montaje, salarios relativamente elevados y un gran número de trabajadores. Fue utilizado en la industria de numerosos países, hasta que en la década de 1950 comienza a ser reemplazada por el "toyotismo".

[54] El toyotismo corresponde a la organización del trabajo industrial japonés y coreano, desarrollado después de la crisis del petróleo de 1973. Reemplazó al fordismo como modelo de referencia en la producción industrial. Se caracterizó por impulsar la idea de trabajo flexible, aumento de la productividad a través de la gestión y organización, entendiendo que el trabajo combinado superaba a la mecanización e individualización del trabajador (elementos centrales del fordismo).

El Centro de Estudios Legales y Sociales (CELS) la caracteriza como *"toda forma de contratación de fuerza de trabajo mediada por terceras empresas o por la exclusión o degradación del vínculo del contrato de trabajo en las que siempre se encuentra presente el ejercicio del poder de organización, dirección y fijación de sus condiciones por parte de la empresa para la que en definitiva, dicha fuerza de trabajo se presta o propia su valor"*. De esta forma, los trabajadores tercerizados tienen menor estabilidad, salarios más bajos, y distinta representación sindical respecto de la que obtienen los trabajadores contratados de forma directa por las empresas madre.

Más allá de ser una de las la formas de precarización laboral más extendida, es imposible cuantificar el alcance de este fenómeno debido a la ausencia de estadísticas oficiales que den cuenta de la situación de los trabajadores tercerizados.

No obstante ser un proceso que se extendió en todas las ramas de la economía –ya sea servicios e industria, o en el sector público o privado–, los sectores más proclives a valerse de las modalidades contractuales flexibles y la tercerización son la producción de partes y componentes, los "call centers", las actividades de vigilancia, las de limpieza y las de mantenimiento.

En el plano legal, la tercerización adquiere la forma de contratos de locación de obra o de servicios, trabajo eventual o trabajo por cuenta propia.

En fin, la tercerización permite contratar mano de obra a un costo menor, en tanto que la empresa contratante –del trabajador– suele estar encuadrada en otra rama, fijando sus salarios y condiciones laborales en inferioridad respecto de los trabajadores de la empresa madre.

El establecimiento de marcos jurídicos que ampararon estos procesos les permitió a las empresas reducir sus costos laborales, mientras que en los trabajadores produjo un resquebrajamiento de los lazos sociales que los unían, impactando de lleno en sus formas organizativas.

En este sentido, si bien es cierto que desde 2003 a la actualidad se crearon cerca de cinco millones de puestos de trabajo, creemos que es necesario comenzar a indagar respecto de qué condiciones de contratación hicieron posible esa creación de empleo e incluso poder ponerlas en discusión.

Y es entre los jóvenes que se ha profundizado la precariedad laboral, expresada en contratos por períodos de prueba, agencias de empleo, pasantías, trabajo informal, tercerización, y la extensión de la jornada de trabajo más allá de ocho horas diarias.

Frente a esta nueva realidad, las organizaciones sindicales tradicionales han demostrado una enorme dificultad para incorporar los reclamos de los trabajadores precarizados y tercerizados, llegándose incluso a dar situaciones de confrontación por fuera de lo previsto institucionalmente, es decir, una lucha de trabajadores contra sus propios sindicatos.

En muchos casos, los conflictos derivan en el reclamo por diferentes encuadramientos o bien en la creación de nuevos sindicatos –varios de ellos conformados al calor de luchas en contra de la tercerización y la precarización de los trabajadores, donde los jóvenes son claros protagonistas– muy fuertemente enfrentados con las empresas pero también con las organizaciones que ostentaban su representación sindical hasta entonces.

Entre otros, este es el caso de los trabajadores de los peajes[55], de los "call centers"[56], de las grandes cadenas de supermercados y del subte[57]. Todas estas actividades comparten una característica: la importante presencia de trabajadores jóvenes en sus planteles de personal[58].

Por citar una de las ramas en la que mayor cantidad de jóvenes se ven involucrados, podemos mencionar el caso de los trabajadores tercerizados de "call centers", que atienden reclamos y realizan ventas y cobranzas de empresas de telefonía. En lugar de estar encuadrados en el sindicato de los trabajadores telefónicos –la Federación de Obreros y Empleados Telefónicos de la República Argentina, FOETRA–, se inscriben en el marco de los convenios vigentes con el sindicato de comercio –la Federación Argentina de Empleados de Comercio y Servicios, FAECYS–, obteniendo

---

[55] http://www.pagina12.com.ar/diario/elpais/1-161383-2011-01-29.html

[56] http://www.iprofesional.com/index.php?p=nota&idx=36405

[57] http://www.clarin.com/ciudades/dieron-inscripcion-gremial-metrodelegados-subte_0_379162091.html

[58] Abal Medina, Paula. "Modos de politización de organizaciones de trabajadores en grandes empresas" en Battistini, Osvaldo y Mauger, Gerard. *La difícil inserción de los jóvenes de clases populares en Argentina y Francia*. Prometeo Libros, 2012, p. 400.

salarios y condiciones laborales claramente más desfavorables que los que tienen quienes trabajan directamente para las empresas de telefonía y están encuadrados en FOETRA.

Idéntica situación se da en el caso de los trabajadores que realizan tareas de vigilancia y limpieza en las empresas de transporte, sobre todo en el caso ferroviario y subterráneo, quienes han entablado diversas luchas por ser reconocidos como trabajadores ferroviarios y no como empleados de comercio.

Tanto en los "call centers" como en el resto de las actividades económicas mencionadas, es posible observar que quienes reclaman por mejores condiciones laborales lo hacen bajo un modelo que encierra una doble confrontación: por un lado hacia la empresa, y por el otro hacia el sindicato que debiera representarlos. Este particular contexto es un rasgo fundamental que caracteriza el proceso de politización de muchos de los activistas que se involucran en estos procesos de conflicto gremial[59].

Uno de los casos sin lugar a dudas más paradigmáticos de esta situación es el que está detrás del asesinato de Mariano Ferreyra, ocurrido el 20 de octubre de 2010. Al momento de ser asesinado, este joven militante estaba reclamando que los trabajadores ferroviarios fueran reconocidos como tales, denunciando el negocio de la tercerización que administraba el Estado junto con las empresas y algunos dirigentes sindicales.

Este trágico episodio permitió constatar la existencia de dirigentes sindicales que actuaban como socios en el negocio de las cooperativas que escondían la explotación de trabajadores tercerizados, al tiempo que organizaron una patota que actuaba a cuenta de la empresa y de un sector del Estado.

Si bien Mariano Ferreyra no era un trabajador ferroviario tercerizado, su asesinato bien puede ser visto en el marco del proceso de precarización laboral que aqueja a los jóvenes de nuestro país, trayendo a escena la imposibilidad de éstos de acceder a empleos decentes, y de

---

[59] Abal Medina, Paula. "Modos de politización de organizaciones de trabajadores en grandes empresas" en Battistini, Osvaldo y Mauger, Gerard. *La difícil inserción de los jóvenes de clases populares en Argentina y Francia.* Prometeo Libros, 2012, en Battistini, p. 408.

las contradicciones que el nuevo escenario laboral ha traído dentro del mundo sindical.

A dos años del asesinato del joven militante, el líder del gremio de los trabajadores ferroviarios, José Pedraza, sería condenado a 15 años de prisión. Su sentencia fue firmada por los tres integrantes del Tribunal Oral Criminal N° 21. El fallo incluyó otras 13 condenas y calificó el asesinato de Ferreyra de crimen político, que le permitió a Pedraza retener su poder económico en el manejo de cooperativas de trabajadores tercerizados, y también su poder sindical al evitar el ingreso a su gremio de agrupaciones críticas de su conducción.

Más allá del caso puntual de Pedraza y el asesinato de Mariano Ferreyra, entendemos que la fragmentación que supone la existencia de una gran cantidad de trabajadores jóvenes informales, la precarización en forma de tercerización, los contratos de obra, la locación de servicios, las pasantías o la contratación por medio de consultoras de recursos humanos, produce un indudable resquebrajamiento en los lazos que unían a los trabajadores. Y esta ruptura tiene una consecuencia directa en la forma organizativa de los mismos.

Concebimos que estos son datos relevantes para comprender la necesidad de explorar nuevas prácticas sindicales que –más allá de las enormes dificultades que esto acarrea– sean capaces de incorporar a los jóvenes precarizados y sus lógicas de construcción y organización.

III.- La problemática del desempleo y la precariedad laboral juvenil

a) Las barreras a superar: obstáculos que enfrentan los jóvenes para incorporarse al mercado laboral

Los números y la evolución del desempleo juvenil en nuestro país, en la región y en el mundo, ratifican que estamos ante un problema que puede ser calificado como estructural.

Esto tiene que ver con que buena parte de los inconvenientes que enfrentan los jóvenes en esta materia están vinculados con la falta de correspondencia entre la estructura de calificaciones de la oferta laboral y aquella que es requerida por el mercado de trabajo.

Es decir que –como sostiene la OIT– hay desajustes en las calificaciones laborales que dificultan las posibilidades de encontrar empleo por parte de los jóvenes a causa de una carencia de aptitudes adecuadas. Por eso, el desempleo que los afecta *"no responde –o lo hace solo marginalmente– a los cambios cíclicos en el mercado de trabajo"*[60].

Pero –según el mismo organismo– también hay obstáculos que hacen a la demanda laboral, incluyendo la discriminación ejercida por los empleadores a partir de estereotipos negativos que perjudican a los jóvenes, así como también la utilización de modalidades contractuales que no garantizan la inserción al mercado laboral en condiciones de estabilidad y decencia.

A los anteriores, se suman las dificultades que genera la existencia de importantes brechas de información y comunicación entre los jóvenes que buscan trabajo y sus empleadores potenciales.

[60] OIT, Cintefor. *"Herramientas para la Transformación. Juventud, Educación y Empleo."* 1998, p. 244.

Por otro lado, la OIT advierte –y lo reflejan los datos estudiados–, sobre un rasgo saliente entre los jóvenes desempleados, asociado no sólo a las complicaciones para acceder a un empleo, sino también a las dificultades para mantenerlo en el tiempo, por la carencia de aptitudes personales o por la precariedad de las ocupaciones.

b) Las consecuencias: negativas tanto para los jóvenes como para la sociedad en su conjunto

Como afirmamos al comienzo de la publicación, el resultado del proceso en el que los jóvenes luchan por ingresar al mercado de trabajo tiene una clara repercusión en la forma en la cual se insertan en la sociedad, así como también en la proyección de sus vidas y en sus posibilidades de desarrollo personal.

Tener un empleo supone percibir un salario, pero también implica poder imponerse una organización del tiempo, entablar relaciones personales y colectivas, plantearse objetivos, definir una identidad, fortalecer la autoestima y gozar de un estatus social.

No es casual, entonces, que las consecuencias del desempleo, la precariedad laboral y la alta rotación entre trabajos poco calificados[61] afecten individualmente a los jóvenes que lo padecen, restringiendo sus ingresos, condicionando sus oportunidades de ascenso social y condenándolos a situaciones de marginación.

También es conocido que los repetidos fracasos en la búsqueda de empleo acaban en apatía, resignación y vergüenza ante los pares, produciendo un sentimiento de culpabilidad por creerse –el joven– responsable de dicha situación.

En este sentido, la OIT sostiene que *"la incapacidad de encontrar empleo genera una sensación de inutilidad y ociosidad entre los jóvenes, y puede elevar los índices de criminalidad, problemas de salud mental, violencia, conflictos y consumos de estupefacientes"*.

---

[61] Meradi, Laura, *Alta Rotación: El trabajo precario de los jóvenes*. Argentina, Tusquets Editores S.A. 2009.

Desde esta perspectiva, si entendemos que la inseguridad tiene profundas raíces socioeconómicas, podemos pensar que el abordaje del desempleo juvenil contribuirá a la solución de esta compleja problemática.

De hecho, esto es señalado por diversos especialistas en materia de seguridad pública, que afirman que *"la creciente situación de marginalidad extrema de vastos sectores de la población, fundamentalmente de jóvenes desocupados, y la profunda y acelerada polarización social dada en determinados ámbitos urbanos como los existentes en el Gran Buenos Aires, y en la Ciudad de Buenos Aires… ha contribuido a crear y a reproducir relaciones signadas por la violencia interpersonal ya sea en el ámbito familiar como en el barrial. Ello, en efecto, ha favorecido el aumento de los delitos violentos, muy particularmente en aquellos espacios altamente favelizados…"*[62].

La desigualdad social extrema, de la cual los jóvenes constituyen una de las más crudas expresiones, ha favorecido al desarrollo de situaciones de violencia en ámbitos urbanos altamente deteriorados y la enorme expansión de las actividades criminales organizadas en dichos espacios territoriales.

La pobreza es un fenómeno complejo, porque no solo se reduce a la vulnerabilidad material, sino que se traduce en otros aspectos, tales como la falta de acceso a la formación básica, a prácticas profesionales, e incluso a la integración a grupos de pertenencia que permitan un proceso de socialización[63].

Particular atención merecen los jóvenes pobres que no estudian ni trabajan, expuestos a un alto riesgo social, expresado en un desapego tanto del sistema educativo como del laboral.

De hecho, la incorporación de jóvenes en el mercado laboral suele ser una de las alternativas más utilizadas para las familias de menores ingresos que se ven en la necesidad de incrementar sus recursos. Así, una gran cantidad de jóvenes se vuelcan al mercado de trabajo pero sin las aptitudes y la formación requerida por las empresas para acceder a un

---

[62] Sain, Marcelo. *El Leviatán Azul. Policía y Política en la Argentina.* Editores Siglo XXI, Buenos Aires. Argentina. 2008, p. 43.

[63] Piñeiro, Laura. *Educación y primer empleo. Formando jóvenes para la inclusión y el trabajo.* Ediciones Ciccus. Buenos Aires, Argentina. 2008, p. 32.

empleo decente. Situación que condena a los jóvenes pobres a ocupar los empleos precarios o directamente al desempleo.

Por otro lado, la incorporación temprana de jóvenes al mercado laboral suele ir de la mano del abandono de los estudios. De esta forma, es posible advertir que el desempleo y la precariedad laboral, en los jóvenes de los hogares más pobres, opera como uno de los eslabones determinantes de la reproducción intergeneracional de la pobreza. Cuanto más pobres son los padres, más probabilidades tienen sus hijos de ser desocupados y de persistir en una situación de bajos ingresos.

La sanción de leyes de promoción del empleo joven y la adopción de políticas en el mismo sentido son herramientas indispensables para avanzar en su inclusión social. Son superadoras de las respuestas ofrecidas desde la mano dura y lo penal, por ejemplo, a través de quienes impulsan la baja en la edad de imputabilidad de los menores.

Vinculado con lo anterior, la desocupación entre los jóvenes también impacta negativamente en el desarrollo de los países, privándolos del potencial productivo de este importante sector de la población.

Para hacer frente al nuevo escenario que nos plantea la globalización, proponiéndonos como objetivo una inserción ventajosa en este proceso, es fundamental invertir en los jóvenes que –como ya fuera expresado– son la generación más abierta a los avances tecnológicos que caracterizan al mundo productivo contemporáneo.

Debemos comprender que la juventud no es una parte del problema sino que debe constituirse en un factor clave de la solución y en protagonista ineludible de las oportunidades de desarrollo.

La información publicada por la OIT es reveladora en este sentido, en tanto estima que una reducción de la tasa de desempleo juvenil en el mundo a la mitad, aportaría un incremento de hasta el 7% del PBI mundial. El mismo descenso en América Latina traería aparejado un aumento de hasta el 7,8% del producto latinoamericano[64].

Por eso, enfrentar el desempleo entre los jóvenes exige estrategias y políticas específicas, más allá de las acciones que se implementen para

---

[64] OIT, *"Propuestas para una política de trabajo decente y productivo para la juventud. Argentina."* Lima, Oficina Regional para América Latina y el Caribe, 2008.

promocionar el empleo en general y que –como tales– pueden coadyuvar a mejorar las perspectivas de los jóvenes frente al mercado de trabajo.

c) El abordaje. Una aproximación al "deber ser" de una política eficaz para enfrentar el desempleo y precarización juvenil

En este apartado comenzaremos a analizar las recomendaciones que plantea la OIT y otros especialistas en la materia a la hora de diseñar una herramienta para promover el empleo decente entre los jóvenes y sacarlos de situaciones de vulnerabilidad. Estos son elementos centrales que hemos tenido en cuenta para elaborar nuestro proyecto de ley de Empleo Joven, desarrollado más adelante.

Si bien es cierto que no existe una receta única, sino que la eficacia de las respuestas políticas depende del contexto de cada país, es posible identificar algunas características comunes en los programas de empleo juvenil que tuvieron mejores resultados.

Entre esas características, la OIT enumera:

a. la formulación y ejecución de las acciones en las etapas iniciales del desempleo;

b. un diseño que responda a las exigencias del mercado laboral;

c. orientación y adaptación a las necesidades individuales y las desventajas del mercado laboral;

d. paquetes integrales de servicios que combinen componentes relacionados con la demanda de trabajo (incentivos a la contratación) y la oferta (orientación y asistencia a la búsqueda de empleo, formación profesional y capacitación en el lugar de trabajo);

e. compromiso del sector privado y de los interlocutores sociales, como condición *sine qua non* para el éxito de la política, que se traduce en una participación en el diseño y la evaluación de la política.

Como contrapartida, entre las principales falencias, se advierte la carencia de información sobre las dificultades que enfrentan los jóvenes para incorporarse al mercado laboral, así como la falta de criterios y mecanismos de evaluación de los impactos en las intervenciones implementadas para superar esas dificultades, que suele derivar en una sobreestimación de los mismos.

Analizando la realidad argentina, en la que identifica más de 2 millones de jóvenes en situación de vulnerabilidad y riesgo social, Pérez Sosto[65] propone una política pública integral para atender a éstos, donde estén involucradas todas las áreas gubernamentales que entiendan en el tema juventud, con una coordinación centralizada y recursos suficientes. De la misma forma, enumera una serie de propuestas entre las que destaca la necesidad de mejorar la coordinación entre las áreas involucradas en las políticas para la juventud, entendiendo que se trata de una problemática que involucra transversalmente a distintos sectores del Estado.

Por otro lado, propone la creación de tres dispositivos. El primero de ellos, destinado a evitar el drenaje de jóvenes hacia la vulnerabilidad y la desafiliación, que lo denomina "acciones de prevención primaria". En segundo lugar, acciones "reparadoras", que tengan por objetivo reinsertar a los jóvenes de los sectores más vulnerables. Y por último, propiciar la creación de espacios institucionales que puedan sintetizar la articulación de las áreas implicadas en el diseño y desarrollo de políticas enfocadas a la problemática juvenil a través de la conformación de una "Red Joven".

El especialista plantea que dicha red debe contemplar dispositivos de prevención –destinados a evitar la incorporación de jóvenes a situaciones de vulnerabilidad–; de reafiliación –que incluyan a los jóvenes de reciente desafiliación–; y dispositivos de reinserción –que reinserten a los jóvenes más vulnerables a través de acciones reparadoras–.

En forma más genérica, la Organización Internacional del Trabajo recomienda pasar de la ejecución de programas al desarrollo de políticas que apunten, tanto a la cantidad (desempleo), como la calidad (informalidad y precariedad) del empleo de los jóvenes, dando especial prioridad a las mujeres.

---

[65] Pérez Sosto, Guillermo y Romero, Mariel *"La cuestión social de los jóvenes"*. Documento de trabajo, p. 19.

d) Consideraciones generales sobre las normas de promoción del empleo juvenil: el formato de las leyes de empleo joven y sus claroscuros

En general, es posible identificar tres mecanismos dirigidos a promover el empleo juvenil a través de esquemas legales diferenciados para los jóvenes.[66]

El primero son los contratos de aprendizaje, que hablan de un vínculo contractual cuyo plazo de duración máxima se encuentra preestablecido y tiene como elemento distintivo que el aprendiz no goza de todos los derechos laborales pero, como contrapartida, el empleador está obligado a otorgarle una formación profesional, determinada con anterioridad y superior a la adquirida por el empleado por el solo hecho de realizar el trabajo.

Estos contratos han sido cuestionados porque en la práctica, como consecuencia de la incapacidad de control de las policías del trabajo, han dado lugar a la incorporación precaria de jóvenes en empleos en los que finalmente no son capacitados o lo son de manera mediocre.

Después están las leyes de "primer empleo", que tienden a promover la contratación de jóvenes que nunca trabajaron, también por un plazo determinado y sin generar derecho a una indemnización por antigüedad, alivianando el costo laboral de las empresas, por ejemplo, a través de la deducción del valor de los salarios o las prestaciones laborales pagadas de la renta gravable del correspondiente período fiscal.

Esta modalidad ha sido poco aplicada y su implementación no ha estado exenta de controversias también referidas a la flexibilidad laboral.

Tal como esbozamos en párrafos anteriores, normas de este tipo tienen un alcance limitado en su capacidad de dar respuestas efectivas cuando –como en el caso de nuestro país– se está ante una población de jóvenes desempleados mayormente compuesta por personas que enfrentan como principal dificultad la de mantener un trabajo en el tiempo, no precario y en condiciones de formalidad.

La última modalidad legal de promoción del empleo de los jóvenes es la que recurre al otorgamiento de algún tipo de subsidio. Esta es la que

---

[66] OIT, *"Trabajo decente y juventud en América Latina 2010."* Lima, 2010, p. 119.

menores cuestionamientos ha tenido, en tanto que si bien no está exenta de que pueda ser utilizada como un mecanismo de precarización de las condiciones laborales de los jóvenes, dicha situación no está implícita en la propia modalidad y puede evitarse a partir de ciertas regulaciones específicas.

En definitiva e independientemente de estas tres modalidades, se afirma que *"la legislación tiene una influencia en la promoción del empleo para los jóvenes"*, a través de la promoción de políticas públicas o por ser un resultado de las mismas[67].

Tal como se plantea, estamos convencidos que se requiere que los esquemas normativos contengan claros mecanismos de ejecución –tanto en lo referido al presupuesto, a la coordinación institucional entre las distintas aéreas gubernamentales, al monitoreo y la evaluación de los resultados de la política– si se pretende garantizar la promoción del empleo decente entre los jóvenes[68].

[67] Ibidem, p. 123.
[68] Ibidem, p. 123.

IV.- Experiencias de lucha contra el desempleo juvenil en el mundo

a) Marco normativo internacional. ¿Cómo se puede encuadrar una legislación que promueva el empleo decente para los jóvenes?

En el ámbito internacional existen distintas normas que consagran el derecho al trabajo en general y otras particularmente referidas a la creación de empleo decente para los jóvenes y su protección frente a situaciones de abuso laboral.

El Pacto Internacional de Derechos Económicos, Sociales y Culturales[69] dispone que los Estados parte *"reconocen el derecho a trabajar, que comprende el derecho de toda persona a tener la oportunidad de ganarse la vida mediante un trabajo libremente escogido o aceptado, y tomarán medidas adecuadas para garantizar este derecho."*

Por su parte, entre los Objetivos de Desarrollo del Milenio suscriptos por todos los países miembro de las Naciones Unidas –específicamente en el Octavo Objetivo, Meta 16– se enumera: *"en cooperación con los países en desarrollo, elaborar y aplicar estrategias para el trabajo decente y productivo para los jóvenes"*[70], y se toma como indicador la tasa de desempleo de los jóvenes de entre 15 y 24 años.

Dentro de la Convención Iberoamericana de los Derechos de los Jóvenes, se consagra el derecho de éstos al trabajo y su protección, al tiempo que –a través de la misma– los Estados se comprometen a adop-

---

[69] Artículo 6° del Pacto Internacional de Derechos Económicos, Sociales y Culturales. Asamblea General de las Naciones Unidas, Resolución 2200 A (XXI) del 16 de diciembre de 1966.

[70] http://www.unmillenniumproject.org/goals/gti.htm#goal8

tar medidas para generar condiciones que les permitan capacitarse para acceder o crear condiciones de empleo y para estimular a las empresas a la inserción y calificación de los jóvenes en el trabajo[71].

Asimismo, consagra el derecho de los jóvenes a la igualdad de oportunidades y trato en lo relativo a la inserción, remuneración, promoción y condiciones de trabajo, a que existan programas que promuevan el primer empleo, la capacitación laboral y a que se atienda de manera especial a los jóvenes temporalmente desocupados[72].

También promueve la eliminación de la discriminación contra las mujeres jóvenes en el ámbito laboral, reconoce que los jóvenes deben gozar de iguales derechos laborales y sindicales respecto de los adultos, y establece su protección contra la explotación económica y contra todo trabajo que los ponga en peligro[73].

La Convención complementa lo anterior con la enumeración de los derechos de los jóvenes a la protección social[74] y a la formación profesional[75].

En otro orden, para definir la población objetivo de las acciones de promoción del empleo joven, hay que tener en cuenta el Convenio Nº 138 de la Organización Internacional del Trabajo (OIT), aprobado por la Argentina a través de la Ley Nº 24.650, que reconoce la relación entre la edad de terminación de la escuela primaria y la edad mínima para el empleo, obligando a los estados a garantizar que nadie emplee a tiempo completo (con remuneración o no) a ningún niño que sea menor de la edad de escolarización obligatoria o, en todo caso, 15 años.

También debe considerarse la Recomendación sobre la Edad Mínima Nº 146, a través de la cual el mismo organismo sugirió a los Estados elevar dicha edad mínima, a los 16 años.

En fin, es abundante la normativa internacional que se aboca a promover el empleo decente entre los jóvenes y a protegerlos de eventuales

---

[71] Artículo 26 de la Convención Iberoamericana de los Derechos de los Jóvenes, firmada el 11 de octubre del 2005, en Badajoz - España.

[72] Artículo 27 de la misma Convención.

[73] Artículo 27 de la misma Convención.

[74] Artículo 28 de la misma Convención.

[75] Artículo 29 de la misma Convención.

arbitrariedades, y que –al mismo tiempo– nos permite encuadrar una legislación nacional en el mismo sentido.

b) Leyes y programas de promoción de empleo juvenil: la experiencia de otros países y la posibilidad de reconocer ciertos avances

Sin lugar a dudas, las experiencias y legislaciones que ya han llevado adelante diversos países nos permiten identificar elementos y herramientas útiles para incorporar en una política a desarrollarse en nuestro país.

De hecho, en distintos países del mundo se han venido sancionando leyes y ejecutando programas de promoción del empleo juvenil, muchos de los cuales son descriptos, en sus principales aspectos, en los párrafos que siguen.

En América Latina, por ejemplo –aunque la Argentina sea una excepción–, se ha avanzado en la generación de una institucionalidad específica para el abordaje de las cuestiones relacionadas con la juventud, ya sea a partir de la creación de dependencias gubernamentales propias, de la sanción de normas o del diseño políticas públicas especialmente enfocadas hacia este grupo etario.

Se destacan las leyes marco de juventud, *"cuyo alcance es integral y abarca, entre otros aspectos, la consagración del derecho al trabajo, a la vez que establecen el deber estatal de formular políticas para la promoción del trabajo decente para los jóvenes"*[76].

La Ley de la Juventud de Ecuador establece que los jóvenes son titulares de todos los derechos reconocidos en la Constitución Política de esa República, en los instrumentos internacionales vigentes y en otras normas legales, reafirmando su derecho al pleno goce y disfrute de los derechos humanos, civiles, políticos, económicos, sociales y culturales, tanto a nivel individual como colectivo[77].

---

[76] OIT, *"Trabajo decente y juventud en América Latina"*. Lima, 2010, p. 117.

[77] Artículo 6° de la Ley de la Juventud. Registro Oficial N° 439, del 24 de octubre de 2001.

Por su parte, la ley colombiana[78] consagra el derecho de los jóvenes a acceder a los programas de empleo y establece la obligación estatal de garantizarles *"el desarrollo y acceso a sistemas de intermediación laboral, créditos, subsidios y programas de orientación sociolaboral y de capacitación técnica, que permitan el ejercicio de la productividad juvenil mejorando y garantizando las oportunidades juveniles de vinculación a la vida económica, en condiciones adecuadas que garanticen su desarrollo y crecimiento personal, a través de estrategias de autoempleo y empleo asalariado".*

La Ley Marco para el Desarrollo Integral de la Juventud de Honduras establece el derecho de los jóvenes a *"acceder a oportunidades de trabajo libre de explotación, sin peligro y sin que entorpezcan su educación y formación"*[79].

En el mismo sentido, la Ley General de la Persona Joven de Costa Rica señala que las personas jóvenes tienen el *"derecho al trabajo, la capacitación, la inserción y la remuneración justa"*[80].

La Ley de Promoción del Desarrollo Integral de la Juventud de Nicaragua consagra el derecho de *"acceder a un empleo con salario justo y ser sujeto de políticas de promoción del acceso al mercado de trabajo que posibiliten ingresos y recursos para él o sus familias que mejoren sus condiciones de vida"*[81].

De manera similar, la Ley General de la Juventud de República Dominicana se refiere al derecho de los jóvenes *"a incorporarse en las distintas actividades y ramas productivas así como tener acceso a empleos justos y estables que permitan su sustento y desarrollo, para lo cual el Estado velará, a fin de que no sean objeto de ninguna discriminación por su condición de jóvenes"*[82].

Finalmente la Ley Nacional de Juventud de Venezuela incluye en el capítulo referido a los derechos de la juventud una sección denominada

[78] Ley de la Juventud N° 375 del 4 de julio de 1997

[79] Artículo 13° inc. 2 de la Ley Marco para el Desarrollo Integral de la Juventud. Decreto N° 260/2005.

[80] Artículo 4° inc. c) de la Ley General de la Persona Joven - N° 8261, del 2 de mayo de 2002.

[81] Artículo 5° inc. 9) de la Ley de Promoción del Desarrollo Integral de la Juventud - N° 392, del 9 de mayo de 2001.

[82] Artículo 24° de la Ley General de la Juventud - N° 49/2000.

"Derecho al Empleo y a la Capacitación", donde establece que *"los jóvenes y las jóvenes tienen derecho a la capacitación y a un oficio digno"* y que *"el Estado, a través de los poderes que lo integran, protegerá a los jóvenes y las jóvenes trabajadores y trabajadoras de toda forma de discriminación, abuso o explotación"*[83].

Además de estas normas de carácter genérico que enumeran los derechos reconocidos a la juventud y el deber estatal de garantizarlos, hay otras normas y programas que avanzan más allá, a partir de la inclusión de herramientas concretas para la promoción del empleo joven.

Es el caso de la Ley General de Protección de la Madre Adolescente de Costa Rica, dirigida a proteger a este colectivo de jóvenes vulnerables a partir de la creación de un Consejo Interinstitucional que, entre sus funciones, tiene la de bregar por la incorporación de la madre adolescente al trabajo[84]. También ordena al Ministerio de Trabajo y Seguridad Social la puesta en funcionamiento de una bolsa de empleo especial para las madres adolescentes mayores de quince años.

En Chile, se encuentra vigente la Ley de Subsidio al Empleo Joven[85], que prevé la entrega de un beneficio económico a los trabajadores jóvenes dependientes e independientes y a sus empleadores, destinado a mejorar sus salarios y apoyar a quienes los contratan (sin importar si realizaron o no cursos de capacitación).

Concretamente, significa el aporte estatal de un porcentaje del salario hasta un determinado tope, respecto de aquellos jóvenes de entre 18 y 25 años que ingresan a trabajar o que ya se desempeñan en una empresa, y pertenezcan al 40% más pobre de la población chilena.

El subsidio que otorga el Estado chileno es igual al 20% o al 30% del salario percibido por el joven hasta un determinado tope, correspondiendo el mayor porcentaje a los salarios más bajos. Dos tercios del beneficio están destinados directamente a mejorar el salario del joven, y el tercio restante lo percibe el empleador a modo de incentivo a la contratación.

---

[83] Artículo 31° de la Ley Nacional de Juventud - N° 37404, del 14 de marzo de 2002.

[84] Artículo 4° inc. f) de la Ley General de Protección a la Madre Adolescente de Costa Rica - N° 7735 del 19 de diciembre de 1997.

[85] Ley 20.338 de la República de Chile, promulgada el 25 de marzo de 2009.

Complementando lo anterior, en el país andino funciona un programa destinado a la formación laboral de los jóvenes denominado "Programa de Formación de Oficios para Jóvenes".

En el marco de dicho programa, se brinda capacitación a jóvenes de entre 18 y 29 años –o desde los 16 si tienen hijos a cargo– con el objetivo de capacitarlos en competencias de empleabilidad y formación, aumentando sus competencias para incorporarse al mercado laboral.

Los cursos de capacitación incluyen módulos de tecnologías de la información, competencias transversales de empleabilidad, formación en un oficio, práctica laboral o asistencia técnica, intermediación laboral y tutorías.

El programa otorga, aparte de los beneficios derivados de la capacitación gratuita, un seguro de accidentes y un subsidio de movilización y alimentación.

En Perú, está vigente el Programa de Capacitación Laboral Juvenil –PROjoven Perú– que busca facilitar el acceso de los jóvenes de 16 a 24 años de sectores vulnerables al mercado laboral formal. Implementa acciones de capacitación técnica que son articuladas con servicios de información e intermediación laboral. La autoridad de aplicación es el Viceministerio de Promoción del Empleo y Capacitación Laboral.

En Nicaragua se ejecuta el Programa de Formación Ocupacional e Inserción Laboral, en cuyo marco también se realizan acciones de capacitación, tomando como base los requerimientos del mercado de trabajo. La población a la cual está destinado son los jóvenes de áreas rurales.

En Brasil, uno de los componentes de la ley que, en el año 2008, dispuso la creación del Programa Nacional de Inclusión de Jóvenes (Projovem) es el que está dirigido a garantizar la formación y orientación laboral de jóvenes en situación de vulnerabilidad (Projovem Trabalhador)[86].

Dicho componente –en el que se subsumieron tres programas preexistentes con similares finalidades– pretendía atender 4,2 millones de jóvenes hasta el 2010 y, si bien no prevé subsidios para la contratación, otorga una asignación estímulo de 100 reales por mes a quienes asistan al 75% de las clases dictadas en diferentes cursos.

[86] Programa Nacional de Inclusión de Jóvenes - Ley 11.192 del 10 de junio de 2008.

Como un aspecto positivo de esta normativa, vale la pena señalar que en el diseño del programa, junto al Ministerio de Trabajo y Empleo, interviene la Secretaría Nacional de Juventud, expresando la intención de abordar la problemática del desempleo desde una perspectiva eminentemente juvenil.

También se puede destacar la previsión de una articulación e integración con los Estados locales que ejecutan programas similares y la distribución equitativa entre los mismos de los cupos para capacitación, buscando reducir la discrecionalidad y fortalecer el federalismo.

En Uruguay, existe una Ley de Fomento a la Inserción y Formación de Empleo Juvenil[87], en virtud de la cual las empresas pueden contratar jóvenes por el plazo máximo de un año, durante el que se ven exoneradas de los aportes patronales a la seguridad social.

Además, se ejecuta un programa denominado "Projoven", destinado a la formación y capacitación laboral de jóvenes de los sectores de menores ingresos, que prioriza a aquellos que tienen menores a cargo.

A través de este programa en cabeza del "Instituto Nacional de Empleo y Formación Profesional", se cubren todos los gastos de capacitación y se otorga a favor de los jóvenes un viático para transporte durante el tiempo que dure la formación.

Los cursos deben incluir la identificación precisa de las posibilidades de inserción laboral de sus egresados, a quienes se asiste en la búsqueda del trabajo y en la primera etapa de desempeño laboral en empresas privadas que soportan la totalidad de los salarios.

Para su instrumentación se hace especial hincapié en la gestión descentralizada de los cursos, se involucra –como en el caso brasileño– al Instituto Nacional de la Juventud y se reserva una *"cantidad considerable de cupos"*, para distritos del interior de la república.

Dentro del continente europeo, se destaca la ley francesa sobre el acceso de los jóvenes al empleo en las empresas (contrat d'insertion dans la vie sociale, C.I.V.I.S.)[88], que le da un marco legal al programa homónimo vigente desde el año 2003.

---

[87] Ley 16.873 de la República Oriental del Uruguay, sancionada el 3 de octubre de 1997.

[88] Ley N° 2006/457 del 21 de abril de 2006.

Los destinatarios del programa son jóvenes de entre 16 y 25 años en situación de vulnerabilidad social (que no hayan terminado el ciclo de enseñanza media, que residan en zonas urbanas sensibles, etc.) a los que –a través de la firma de un contrato de inserción social con el Estado– se les facilita el acceso al empleo.

El CIVIS no es un contrato de trabajo sino un dispositivo orientado a aumentar la empleabilidad de los jóvenes, cuya duración es de un año, renovable por otro más.

El programa dispone la posibilidad que el Estado otorgue un beneficio económico a los jóvenes que realicen acciones en el marco del programa, siempre y cuando no perciban ningún otro tipo de ingreso, estableciendo un monto máximo de 450 euros mensuales hasta alcanzar los 1.800 euros anuales.

Concretamente, se los capacita profesionalmente para orientarlos en la búsqueda de trabajo, para asesorarlos en el emprendimiento de proyectos productivos o para dotarlos de distintas capacidades específicas que contribuyan a su inserción en el mercado laboral, siempre enfatizando la atención y el seguimiento del joven en forma personalizada.

En Estados Unidos funcionan distintos programas focalizados, coordinados y financiados por el Departamento de Trabajo. El más importante se denomina "Job Corps" (Cuerpo de Trabajo).

Es un programa de formación que asiste a los jóvenes de entre 16 y 24 años de edad de bajos ingresos a aprender una carrera, a obtener un diploma de escuela secundaria o a encontrar y mantener un trabajo formal.

"Job Corps" ofrece capacitación práctica en más de cien áreas de carreras técnicas, incluyendo servicios de reparación de automóviles y máquinas, la construcción, las finanzas y los negocios, salud, hospitalidad, tecnología de la información, manufactura y recursos renovables, entre otros. Estos programas de formación reciben certificaciones de la industria y están diseñados para satisfacer las necesidades de las carreras en la actualidad.

Asimismo, para quienes ya hayan obtenido su diploma de la escuela secundaria, Job Corps también prevé una capacitación para el acceso al nivel superior de educación, a través de alianzas con las universidades locales.

Otro programa destinado a los jóvenes en situación de riesgo o extrema vulnerabilidad se llama "YouthBuild" (La Juventud Construye), que los instruye en el oficio de la construcción y en habilidades para encontrar trabajo.

Está enfocado en personas de bajos ingresos de entre 16 y 24 años y –si no lo tuvieran– también se los orienta para la obtención del diploma de escuela secundaria, mientras aprenden destrezas laborales construyendo viviendas para las personas sin hogar y de bajos ingresos. Asimismo, se los induce a participar en actividades de desarrollo de liderazgo en sus comunidades.

Para el año 2013, había 273 proyectos de YouthBuild en 45 estados; y desde 1994, cerca de 100.000 alumnos de YouthBuild han producido más de 20.000 unidades de vivienda en las comunidades rurales y urbanas más vulnerables de los Estados Unidos.

En el país norteamericano también funciona el programa "Youth Formula-Funded Grant Programs", que otorga subsidios a los estados en los cuales se registran niveles altos de desempleo y haya un número elevado de jóvenes desempleados. Estos fondos son destinados a financiar acciones de formación.

La OIT también destaca distintas experiencias en Canadá, el Reino Unido y República Checa.

Canadá destina fondos para ayudar a los jóvenes a encontrar trabajos de verano a través de la capacitación, e introduce el pago de un bono por la realización de aprendizajes.

El Reino Unido cuenta con un servicio de empleo que permite a los aprendices en riesgo de ser despedidos ajustarse a las necesidades de las empresas que están buscando nuevo personal (Programa de Nuevos Acuerdos para Jóvenes).

Finalmente, de la República Checa, se rescata un programa mediante el cual se otorga un subsidio salarial y se aumentan los beneficios mensuales de guardería para apoyar a las familias jóvenes de hasta 26 años.

En definitiva, existen en toda América Latina y el resto del mundo una gran cantidad de acciones y leyes de todo tipo que, directa o tangencialmente, abordan la conflictiva relación de los jóvenes con el mercado de trabajo.

El desafío que nos queda es generar condiciones para remover los obstáculos que enfrentan los jóvenes en su inserción laboral, a través de un marco de políticas integradas, coherentes, efectivas y de amplio alcance territorial.

V.- Análisis de las leyes, decretos y resoluciones vigentes en nuestro país

a) Protección del trabajo adolescente: la adecuación en el plexo normativo a las recomendaciones de la OIT

Siguiendo la Recomendación de la OIT, en el año 2008, el Congreso sanciona la Ley N° 26.390 (que modifica la Ley de Contrato de Trabajo) prohibiendo el trabajo de personas menores de 16 años, elevando en dos años la consideración del trabajo infantil.

Además, estableció un régimen de protección del trabajo adolescente, entendiendo por tal el desarrollado por personas de entre 16 y 18 años, que –entre otras cosas– incluye una jornada reducida de seis horas diarias y dieciséis horas semanales, la prohibición de trabajos nocturnos, el descanso al mediodía y un período mínimo de vacaciones de quince días anuales.

b) Modalidades contractuales flexibles: ¿el amparo legal de la precarización?

Los procesos sociales y económicos que moldearon el mercado de trabajo en nuestro país a partir de mediados de la década del setenta tuvieron un fuerte impacto en el andamiaje jurídico e institucional que regulaba las formas de empleo y trabajo, facilitando que la precarización pase de ser una excepción a convertirse en la norma que rige en las relaciones laborales, fundamentalmente entre los jóvenes.

Por otro lado, hubo otras medidas que desde el Estado acompañaron y profundizaron esta línea. Tal como lo señala Battistini[89], entre ellas

[89] Battistini, Osvaldo "La precarización. El camino desde lo atípico a lo normal"

puede destacarse la descentralización y debilitamiento de la capacidad de control de la policía de trabajo. Es decir, a la par que se flexibilizaron las normas contractuales, se abandonó la responsabilidad centralizada en el control del cumplimiento de dichas normas.

Más allá de que la gran mayoría de las leyes que flexibilizaron las modalidades contractuales fueron impulsadas y sancionadas durante la década del noventa, muchas de ellas continúan vigentes y sin modificaciones en la actualidad, o se le han introducido pequeños cambios que no produjeron alteración alguna en su esencia.

A continuación analizaremos las principales características de las modalidades contractuales vigentes en la Argentina que amparan, permiten o abren la posibilidad de la precarización laboral entre los jóvenes. Esto nos permitirá identificar las formas contractuales que evitaremos promover en una norma destinada a fomentar el empleo decente entre los jóvenes.

El período de prueba

Una de las formas contractuales introducidas durante la década del noventa y que perdura en el actualidad, es el denominado "período de prueba". Esta modalidad fue incorporada en 1995 a través de la Ley 24.465 y ratificada en 1998 con leves modificaciones a través de la Ley 25.013. Asimismo, se incluyó en la Ley de Contrato de Trabajo en el artículo 92 bis.

Este "período de prueba" es de 30 días pero se puede extender hasta seis meses si está incluido en el convenio colectivo. Antecede a la estabilidad –o el contrato por tiempo indeterminado– y durante el período de prueba el trabajador no goza de los mismos derechos que tienen aquéllos incorporados en la planta permanente. De hecho, durante este lapso el trabajador puede ser despedido sin derecho a reclamar indemnización alguna.

El período de prueba es una herramienta formidable para que los empresarios bajen sus costos en mano de obra en contextos de crisis.

---

en Battistini, Osvaldo y Mauger, Gerard. *La difícil inserción de los jóvenes de clases populares en Argentina y Francia.* Prometeo Libros, 2012, p. 436.

Así, a partir de su entrada en vigencia en la década del noventa, y en un marco de desempleo y precarización generalizado y en aumento, las empresas utilizaron y aún utilizan estas "ventajas" contractuales para incorporar trabajadores sólo por el período de prueba, para despedirlos a su término sin necesidad de pagar indemnización alguna y contratando nuevos trabajadores –que también serán despedidos luego de culminar el período de prueba– para cubrir las vacantes que dejaban aquellos; situación que constituye un verdadero círculo vicioso y que deja a los trabajadores en una situación de profundo desamparo e inestabilidad frente a cualquier crisis que pueda sacudir el mercado de trabajo.

Para evitar la situación descripta en el párrafo anterior, no parece razonable que la normativa que regula esta modalidad de contratación no establezca un cupo máximo de trabajadores por empresa que puedan estar contratados en el período de prueba (haciendo la salvedad de las empresas que inician su actividad) o la rotación máxima que los empleadores pueden hacer con estos trabajadores.

Contratos de aprendizaje

En cuanto a los mecanismos para promover la contratación de jóvenes, en 1995 el Parlamento argentino sancionó la Ley 24.456, que incluyó el contrato de trabajo de aprendizaje destinado a los jóvenes sin empleo. Tres años más tarde, esta forma contractual precaria sería ratificada a través de la Ley 25.013 y con las modificaciones de la Ley 26.390.

La duración de este contrato es de 3 meses a 1 año, vencido el cual se le entrega al trabajador un certificado y, si se le preavisa, no se le paga ninguna indemnización. La jornada de trabajo no puede superar las 40 horas semanales (incluida la formación teórica), salvo para los menores de entre 16 y 18 años. Las empresas sólo pueden contratar a un 10% de trabajadores bajo esta modalidad y no pueden recurrir a ella las cooperativas ni las empresas de servicios eventuales.

Lo cierto es que esta modalidad contractual flexible, como sus antecesoras (el contrato de práctica laboral y el contrato de formación, previstos en la Ley 24.013 y derogados por la Ley 25.013) no ha cumplido su objetivo de favorecer la transición de los jóvenes a un empleo permanente y, en cambio, ha favorecido su rotación y la precariedad.

Por otro lado, la regulación no garantiza que la finalidad formativa que deben perseguir estas modalidades no termine desvirtuándose a partir de su utilización fraudulenta como medio reducción de los costos laborales para cubrir tareas habituales de las empresas.

Contrato a tiempo parcial

En 1995 y a través de la Ley 24.465, se introdujo otra modalidad que permite encubrir el trabajo informal. Se incluyó en la Ley de Contrato de Trabajo el artículo 92 ter que reguló el Contrato de Trabajo de Tiempo Parcial. En virtud de este contrato, el trabajador se obliga a prestar servicios durante un determinado número de horas al día, la semana o al mes, inferior a las dos terceras partes (2/3) de la jornada habitual de la actividad.

La remuneración no puede ser inferior a la proporcional que le corresponde a un trabajador a tiempo completo de la misma categoría o puesto y los trabajadores no tienen la posibilidad de realizar horas extras. Las cotizaciones a la seguridad social también serán proporcionales a la cantidad de horas trabajadas.

En este caso, no hay un plazo máximo por el que se pueda extender este contrato de tiempo parcial.

El contrato a tiempo parcial también suele ser utilizado para que los empresarios formalicen relaciones laborales de tiempo completo a un menor costo, empleando trabajadores a tiempo completo pero formalizando la relación como de tiempo parcial y abonando sumas monetarias que completan el salario del trabajador por fuera de la formalidad.

Régimen de pasantías universitarias

En el año 2008 se sancionó la ley 26.427 que creó el Sistema de Pasantías Educativas en el marco del sistema educativo nacional de educación superior. Esta norma prevé la participación de jóvenes mayores de dieciocho años en empresas u organismos públicos.

La ley establece que la pasantía no origina ningún tipo de relación laboral entre el pasante y la empresa o la organización en la que se desarrolla. De la misma forma, dispone que las pasantías no puedan ser utilizadas para cubrir vacantes ni para crear nuevos puestos o reemplazar empleados que ya estuvieran contratados en la planta de personal.

Si luego de terminada la pasantía, el joven es contratado por tiempo indeterminado, la empresa u organismo público no podrá hacer uso del período de prueba establecido en el artículo 92 bis de la Ley de Contrato de Trabajo.

El plazo que puede durar la pasantía no puede ser menor a 2 meses ni mayor a 12 meses, que puede extenderse hasta 6 meses más. Es decir, una empresa puede contratar un pasante hasta por un año y medio. La carga horaria no puede superar las 20 horas diarias, y en la resolución reglamentaria[90] se fijó que la jornada no podía superar las 6 horas y 30 minutos diarios.

Asimismo, y constituyendo un avance respecto de la anterior normativa que regulaba el sistema de pasantías universitarias, la ley 26.427 prevé en su artículo 15 que los pasantes deben recibir una suma de dinero en carácter no remunerativo en calidad de "asignación estímulo"; que se calculará de forma proporcional a las horas trabajadas según el convenio colectivo vigente, y que de ninguna forma podrá ser inferior al Salario Mínimo Vital y Móvil en forma proporcional a la carga horaria de la pasantía.

En la resolución que reglamentó la ley se estableció —en su artículo 14— que el cupo máximo de pasantes sería el siguiente:
- Para empresas de hasta 200 trabajadores: 1 pasante cada 10 trabajadores (10%) en relación de dependencia por tiempo indeterminado
- Para empresa de más de 200 trabajadores: un 7% de pasantes de la planta de trabajadores en relación de dependencia.

Si bien la sanción de la Ley 26.427 constituyó un avance respecto de las normas que regulaban las pasantías universitarias hasta entonces[91] —sobre todo en la obligación de brindar al pasante una asignación estímulo

---

[90] Resolución Conjunta N 825/2009 y 338/2009 del Ministerio de Trabajo, Empleo y Seguridad Social, y el Ministerio de Educación.

[91] Con la sanción de esta norma se derogó la Ley 25.165, el artículo 2 de la Ley 25.013, el Decreto 340/1992 como así también el Decreto 93/1995 y sus normas reglamentarias y complementarias.

proporcional a las horas que dura la pasantía y al convenio colectivo vigente; o en la imposibilidad de que los empresarios utilicen el período de prueba luego de concluida la pasantía–, esta norma contiene algunos elementos que abren la posibilidad para que la finalidad formativa sea desvirtuada en función del abaratamiento de costos en mano de obra para las empresas y en condiciones de trabajo precarias para los jóvenes.

Así, más allá de que se exprese que los pasantes no pueden reemplazar a trabajadores de la planta, la ley no contempla forma alguna para efectivizar esta cuestión, tal como puede ser consagrar la imposibilidad de contratar pasantes si la empresa hubiera realizado despidos en los meses previos al ingreso del pasante o en los meses posteriores.

Por otro lado, parece excesivo el plazo máximo –de hasta un año y medio– que se puede extender la pasantía. De la misma forma entendemos que importa vulnerar los derechos laborales de los jóvenes establecer –tal como está prescripto en el artículo 12 de la ley 26.427– que un vínculo que se puede extender por 18 meses no origina ningún tipo de relación laboral entre el pasante y la empresa u organización en las que se desarrollan las pasantías.

Régimen de pasantías secundarias

El Decreto 1374/2011 creó el "Régimen General de Pasantías para la Educación Secundaria".

Según sus fundamentos, recoge una recomendación del Consejo Federal de Educación y alcanza a todas las orientaciones y modalidades de educación secundaria, tanto de gestión estatal como privada.

Es para los estudiantes de los dos últimos años. Los menores de entre 16 y 18 años necesitan la autorización de sus padres.

De acuerdo con distintas estimaciones, este régimen alcanzaría un estimado de 400.000 alumnos; alcance restringido si se tiene presente que la matrícula secundaria nacional ronda los 3.675.000 estudiantes.

La escuela o unidad educativa es quien tiene a su cargo la organización, control y supervisión de la pasantía que no crea ningún vínculo entre el pasante y la empresa u organismo público donde desarrolle su tarea.

Los pasantes secundarios gozan de los mismos derechos que los trabajadores en cuanto a transporte, comedor y tiempos de descanso. Se les pueden otorgar otros beneficios como refrigerios, viáticos y gastos educativos, aunque no es obligatorio.

En cambio, no se les reconoce el derecho a percibir en concepto de estímulo una suma mensual no remunerativa, como sí lo hace la Ley 26.427 respecto de los pasantes universitarios (que, en ese caso y tal como explicamos en párrafos anteriores, se calcula sobre el salario básico del convenio colectivo aplicable a la empresa donde se desarrolla la pasantía, proporcional a su carga horaria).

Esta diferencia es difícil de explicar, si se tiene en cuenta que, en ambos casos, se admite una carga horaria semanal de hasta 20 horas. En cuanto al plazo mínimo y máximo de duración, en las pasantías secundarias es de 100 horas reloj y 6 meses respectivamente, mientras que en las universitarias – según Ley 26.427 – es de 2 meses y 12 meses (prorrogables por otros 6).

Con el supuesto objetivo de evitar que la planta se cubra con pasantes, el Decreto fija un máximo según la cantidad total de trabajadores de cada empresa u organismo público.

- Hasta 5 trabajadores - 1 pasante
- Entre 6 y 10 trabajadores - 2 pasantes
- Entre 11 y 25 trabajadores - 3 pasantes
- Entre 26 y 40 trabajadores - 4 pasantes
- Entre 41 y 50 trabajadores - 5 pasantes
- Más de 50 trabajadores - 10% de pasantes

De alguna manera, estos límites importan aceptar que estamos ante una modalidad laboral flexible que permite cubrir con dos pasantes la jornada completa de un trabajador regular (48 horas semanales), prácticamente sin costo para el empleador.

En caso de que alguna jurisdicción provincial cuente ya con un sistema de pasantías secundarias, el Decreto establece un plazo de dos años para adecuarlo a sus disposiciones.

Según el Decreto, la finalidad de las pasantías es fortalecer los procesos educativos, familiarizar a los estudiantes con un ámbito laboral y favorecer su transición al mundo del trabajo. Establece la figura de un tutor (nombrado por la escuela) y un instructor (nombrado por la empresa u organismo público).

Sin embargo, en ningún apartado se explicita el rol de las autoridades administrativas del trabajo a la hora de evitar que el uso abusivo las transforme en una herramienta de precarización laboral.

Sin las regulaciones pertinentes –ausentes en el decreto 1374/2011– las pasantías, al igual que el período de prueba o el contrato de aprendizaje, quedan claramente desvirtuadas en su esencia. La normativa vigente adolece de las previsiones necesarias para que esta figura no sea utilizada por las empresas o por el propio Estado para que los pasantes cumplan tareas que poco tienen que ver con su formación, cubriendo puestos de trabajadores del plantel pero con un costo mucho menor para el empleador y sin los derechos con los que cuentan los trabajadores contratados por tiempo indeterminado.

Respecto de cómo las empresas utilizaron y podrán seguir utilizando de forma fraudulenta estas modalidades para encubrir relaciones laborales, puede citarse el fallo del Tribunal Oral en lo Criminal N 22 de Capital Federal, respecto de un juicio por falso testimonio iniciado por una reconocida casa de comidas rápidas a dos empleados que habían declarado –en un juicio anterior que perdió la empresa– que allí no realizaban una pasantía sino que trabajaban en negro[92].

Los jóvenes eran incorporados bajo la modalidad de la pasantía secundaria, y trabajaban seis días por semana hasta cinco horas por día. La situación se mantenía por meses y en algunos casos por años, pagando una suma de $150 en concepto de "asignación estímulo".

Los jueces que absolvieron a los jóvenes sostuvieron que *"con la falacia de las pasantías se lograba una mano de obra que, o bien resultaba barata –si acaso se pagaba en negro– o, de lo contrario, se trataba lisa y llanamente de una explotación que, suponemos, debía ser aceptada por los jóvenes con la esperanza de convertirse en empleados efectivos"*. Y agregaron, *"no se entiende la razón por la que habríamos de sorprendernos que una empresa sea capaz de realizar pagos fuera de todo registro, cuando a la vez se ha comprobado que para abaratar indebidamente sus costos (la empresa) ha recurrido a un fraude laboral de proporciones"*, en referencia a que en el juicio anterior había quedado demostrado que la empresa tenía trabajadores en negro.

[92] http://www.pagina12.com.ar/diario/sociedad/3-76152-2006-11-14.html

En definitiva, es palpable la flexibilidad de las normas analizadas, así como también la debilidad del Estado para controlar que estas modalidades contractuales no devengan en perjuicios para los trabajadores jóvenes. Por ello, entendemos que las mismas no deben ser promovidas por una legislación o una política que busque enfrentar el flagelo del desempleo y la precarización laboral de los jóvenes.

Síntesis

Posteriormente expondremos un cuadro en el cual, a partir de nueve categorías, compararemos las cinco modalidades contractuales flexibles vigentes que analizamos en párrafos anteriores. Las categorías utilizadas son:

1. Descripción de la Modalidad,
2. Año de Introducción en el Plexo Normativo,
3. Destinatarios,
4. Norma que la Regula en la Actualidad,
5. Plazo de Duración del Contrato/Convenio,
6. Extensión de la Jornada,
7. Compensación Económica,
8. Cupo Máximo por Empresa/Organismo, y
9. Cuestionamientos/Comentarios.

Nombre de la modalidad contractual	PERÍODO DE PRUEBA	CONTRATO DE APRENDIZAJE	CONTRATO A TIEMPO PARCIAL
Descripción de la modalidad	Período que antecede a la efectivización del contrato por tiempo indeterminado	Tiene una finalidad formativa teórico-práctica	Es aquel en virtud del cual el trabajador se obliga a prestar servicios durante una jornada inferior a las 2/3 partes de la habitual
Año de introducción en el plexo normativo	1995 y modificado en 1998	1995 y modificado en 1998	1995
Destinatarios	No tiene destinatarios específicos, se aplica a cualquier trabajador	Jóvenes sin empleo de entre 16 y 28 años	No tiene destinatarios específicos, se aplica a cualquier trabajador
Norma que la regula en la actualidad	Ley 25.013	Ley 25.013	Ley 24.465

Nombre de la modalidad contractual	PERÍODO DE PRUEBA	CONTRATO DE APRENDIZAJE	CONTRATO A TIEMPO PARCIAL
Plazo de duración del contrato/convenio	30 días que se pueden extender hasta 6 meses por convenio colectivo	Mínimo de 3 meses y máximo de 1 año	No prevé un plazo máximo ni mínimo de duración
Extensión de la jornada	Igual a la de los trabajadores de la actividad contratados por tiempo indeterminado	No podrá superar las 40 horas semanales, incluidas las correspondientes a la formación teórica. Respecto de los jóvenes de 16 a 18 años rigen las disposiciones correspondientes	Inferior a las 2/3 partes de la jornada laboral habitual
Compensación económica	Igual a la de los trabajadores de la actividad contratados por tiempo indeterminado	No prevé un régimen especial de compensación económica	Proporcional a la que le corresponda a un trabajador a tiempo completo para la misma categoría o puesto
Cupo máximo por empresa u organismo público	No prevé	No podrá superar el 10% de los contratados por tiempo indeterminado. Si la empresa tiene menos de 10 trabajadores por tiempo indeterminado, puede contratar 1 aprendiz	No prevé un plazo máximo ni mínimo de duración
Cuestionamientos/Comentarios	Es excesivo el tiempo que se puede extender este periodo (6 meses), durante el cual los trabajadores no tienen derecho a reclamar indemnización por despidos sin causa. Tampoco es razonable que la normativa no fije un cupo máximo de trabajadores a prueba por empresa para evitar la utilización fraudulenta de esta modalidad	El empleador no está obligado a pagar indemnización si preavisa el despido, aunque sea sin causa. Por otro lado, la regulación no garantiza que la finalidad formativa que deben perseguir estas modalidades no termine desvirtuándose a partir de su utilización fraudulenta como medio reducción de los costos laborales para cubrir tareas habituales de las empresas	Puede ser utilizado para que los empresarios formalicen relaciones laborales de tiempo completo a un menor costo, empleando trabajadores a tiempo completo pero formalizando la relación como de tiempo parcial y abonando sumas en negro para completar el salario del trabajador

Nombre de la modalidad contractual	PASANTÍAS SECUNDARIAS	PASANTÍAS UNIVERSITARIAS
Descripción de la modalidad	Extensión orgánica de la educación secundaria en cualesquiera de sus orientaciones y modalidades, a empresas o instituciones, de carácter público o privado; para que los alumnos realicen prácticas relacionadas con su educación y formación	Es el conjunto de actividades formativas que realicen los estudiantes en empresas y organismos públicos, o empresas privadas con personería jurídica, con excepción de las cooperativas o empresas de servicios eventuales.
Año de introducción en el plexo normativo	1998 y modificado en 2011	1999 y modificado en 2008
Destinatarios	Estudiantes regulares de la escuela media desde los 16 años que estén cursando sus dos últimos años de formación secundaria	Estudiantes del Sistema de Educación Superior mayores de 18 años
Norma que la regula en la actualidad	Decreto 1374/2011	Ley 26.427 y Resolución Conjunta N 825/2009 y 338/2009 del Ministerio de Trabajo, Empleo y Seguridad Social; y del Ministerio de Educación
Plazo de duración del contrato/convenio	Plazo mínimo de 100 horas y máximo de 6 meses	Plazo mínimo de 2 meses y máximo de 12 que se puede prorrogar por 6 más.
Extensión de la jornada	Hasta 20 horas semanales.	Hasta 20 horas semanales. Asimismo, cada jornada no podrá superar las 6 horas y media de duración.
Compensación económica	No prevé. Lo deja a criterio del acuerdo entre las instituciones educativas y las empresas u organismos públicos	Asignación estímulo proporcional al salario básico del convenio colectivo aplicable a la empresa y proporcional a la carga horaria de la pasantía. Nunca podrá ser inferior al salario mínimo vital y móvil en forma proporcional a la carga horaria.
Cupo máximo por empresa u organismo público	Hasta 5 trabajadores, 1 pasante. Entre 6 y 10 trabajadores, 2 pasantes. Entre 11 y 25 trabajadores, 3 pasantes. Entre 26 y 40 trabajadores, 4 pasantes. Entre 41 y 50 trabajadores, 5 pasantes. Más de 50 trabajadores, 10% de los mismos.	En empresas de hasta 200 trabajadores: 1 pasante cada diez trabajadores en relación de dependencia por tiempo indeterminado. En empresas de más de 200 trabajadores: 7 pasantes cada 100 trabajadores en relación de dependencia por tiempo indeterminado

Nombre de la modalidad contractual	PASANTÍAS SECUNDARIAS	PASANTÍAS UNIVERSITARIAS
Cuestionamientos/ Comentarios	No se les reconoce la posibilidad de recibir una asignación estímulo; y los límites establecidos para los cupos de pasantes permiten cubrir con dos pasantes la jornada completa de un trabajador sin costo alguno para el empleador	La sanción de esta norma constituyó un claro avance en materia de reconocimiento de derechos laborales respecto de la Ley 25.165. Sin embargo, parece excesivo el plazo máximo (de hasta un año y medio) que se puede extender la pasantía, así como tampoco existen elementos en la normativa que impidan la posibilidad de que se incorporen pasantes en lugar de trabajadores de planta.

c) La Ley de Apoyo al Empresariado Joven. Una norma poco efectiva para enfrentar el desempleo juvenil

La Ley 25.872, sancionada en diciembre de 2003, creó el Programa Nacional de Apoyo al Empresariado Joven, actualmente en la órbita del Ministerio de Industria de la Nación –en la Dirección Nacional de Apoyo al Empresariado Joven–, sin rango presupuestario propio.

Este Programa tiene como objetivo promover la actividad de jóvenes emprendedores de todo el país, brindándoles capacitación, asistencia técnica y financiamiento, a través de tres herramientas.

La primera de ellas se denomina "Aprendiendo a Emprender", y ofrece cursos de capacitación y asistencia técnica para aquellos jóvenes que tengan una idea o un Plan de Negocios y que necesitan adquirir las competencias necesarias para transformar esa idea en un modelo rentable y poder llevarlo a cabo.

La segunda es "Capital Semilla", y brinda apoyo técnico y financiero a aquellos jóvenes emprendedores que tengan una idea o un Plan de Negocios para poner en marcha o consolidar una actividad empresaria, a través de un Préstamo de Honor que se les otorga a tasa cero.

Y la última se llama "Madrinas", y promueve la constitución de alianzas entre jóvenes emprendedores y empresas consolidadas, con el objeto de crear o fortalecer una empresa joven.

Por sus características, el programa no está dirigido a quienes constituyen la médula central del universo de los jóvenes desempleados y subempleados, sino a una población de entre 18 y 35 años que cuenta con los recursos mínimos, tanto humanos como materiales, que les permiten iniciar un emprendimiento productivo.

En tanto que el núcleo de la desocupación entre los sectores juveniles está conformado por personas que, en su mayoría, no concluyeron sus estudios secundarios, se trata de jóvenes que suelen carecer de los elementos necesarios para comenzar y mantener un emprendimiento productivo.

Se trata de una situación que mina las posibilidades de éxito de las políticas contra el desempleo juvenil que hacen únicamente foco en el emprendedorismo. Así, esta norma poco podrá hacer para sacar de la vulnerabilidad en la que se encuentran más de dos millones de jóvenes en nuestro país.

En este sentido, la OIT señala que se necesitan de muchas condiciones en el nivel de gestión y en el perfil de los beneficiarios para el éxito de las iniciativas de emprendedorismo juvenil[93].

La ausencia de saberes específicos en un campo que requiere competencias muy técnicas, generalmente es reemplazada por un voluntarismo que lleva a la promoción de actividades independientes de escasa eficacia como espacio de creación de trabajo decente para los jóvenes.

Por ello, las políticas destinadas a fomentarlo deben ser concebidas como complementarias o secundarias respecto de las que promueven la inserción laboral por la vía de la relación de dependencia.

---

[93] OIT, *"Propuestas para una política de trabajo decente y productivo para la juventud. Argentina"*. Lima, Oficina Regional para América Latina y el Caribe, 2008, pp. 127 y 128.

VI.- Programas y acciones del gobierno nacional. Entre la superposición y la falta de jerarquía

Para intentar elaborar una herramienta política o legislativa capaz de superar la realidad que se pone de manifiesto en el apartado que describe la crisis del empleo joven existente en nuestro país, es necesario pensar a los programas de empleo y capacitación laboral destinados a esa franja de la población como un eje trascendente de las políticas sociales.

En este sentido, analizaremos con detalle los programas que –desde la jurisdicción nacional– se ejecutan con miras a promover el empleo entre los jóvenes, en el convencimiento que sin conocer qué, cómo y con qué efectividad se hace desde el gobierno nacional, será imposible diseñar una política eficaz para enfrentar el desempleo y la precariedad laboral juvenil.

A modo de adelanto de los párrafos que siguen, podemos afirmar que, hasta la fecha y en líneas generales, estos programas no han contado con el apoyo político, institucional y financiero adecuado.

Desde distintas áreas gubernamentales, se han desarrollado programas superpuestos y desarticulados, de escasa cobertura y bajo nivel de financiamiento, reduciendo sus posibilidades de impactar positivamente frente al escenario descripto.

a) Programa "Jóvenes con Más y Mejor Trabajo". Irregularidades y deficiencias que generan una enorme distancia entre lo que se pretende y lo que efectivamente se logra.

El principal programa que lleva adelante el gobierno nacional con el objetivo de paliar el desempleo juvenil es el "Jóvenes con Más y Mejor

Trabajo", que depende del Ministerio de Trabajo y Seguridad Social de la Nación.

Fue creado por la Resolución 497/2008 del citado Ministerio y actualmente se encuentra regulado por la Resolución 764/2011 de la Secretaría de Empleo dependiente del mismo.

Población Objetivo

Dicho Programa alcanza a jóvenes de entre 18 y 24 años de edad, con residencia permanente en el país, que no hayan completado sus estudios secundarios y se encuentren en situación de desempleo.

Como requisito de accesibilidad se establece contar con DNI, CUIL y residir dentro del ámbito de incumbencia o en zonas cercanas a una Oficina de Empleo.

Pueden recibir una ayuda económica no remunerativa u otros incentivos a cargo del Ministerio de Trabajo y Seguridad Social de la Nación, de acuerdo con la prestación en la que se los incorpora.

Prestaciones

1) Cursos de orientación e inducción al mundo del trabajo
Son obligatorios, duran como máximo 2 meses e incluyen 4 talleres para la construcción del proyecto formativo y ocupacional, alfabetización digital, derechos sociales y laborales, condiciones de trabajo y salud ocupacional.

Los materiales didácticos los provee la Secretaría de Empleo y los participantes reciben una ayuda económica de $ 450 mensuales.

2) Asistencia a la búsqueda de empleo
Es para los jóvenes que concluyeron su participación en los cursos de orientación e inducción al mundo del trabajo y no se encuentran participando de otra actividad en el marco del programa, en tanto se presenten ante la oficina de empleo dos veces en un mismo mes, porque fueron convocados o a su propia iniciativa.

Los participantes de esta prestación reciben una ayuda económica de $ 225 mensuales.

3) Cursos de apoyo a la empleabilidad e integración social

Duran como máximo 4 meses y en su marco se abordan temáticas vinculadas con competencias laborales genéricas, derechos humanos, salud, violencia y adicciones.

Quienes participan de esta prestación reciben una ayuda económica de $ 450 mensuales.

4) Talleres de apoyo a la búsqueda de empleo

Duran como máximo 6 meses (continuos o discontinuos) y tienen por objeto asistir y orientar a los jóvenes en la elaboración de estrategias adecuadas para la búsqueda de empleo de calidad.

Los jóvenes que participan de esta prestación reciben una ayuda económica de $ 450 mensuales.

Todas estas prestaciones se consideran específicas del programa y son dictadas por la oficina de empleo directamente o por universidades, instituciones educativas u ONG's inscriptas ante la Secretaría de Empleo.

Aunque se dispone que los cursos y talleres deban incluir refrigerio (cuando duran más de 3 horas consecutivas), guardería y seguro de responsabilidad civil, la asistencia económica del Ministerio de Trabajo sólo se plantea en términos de posibilidad.

5) Certificación de estudios formales obligatorios

Tiene un plazo máximo de 18 meses. Promueve la incorporación de los jóvenes en instancias de educación formal obligatoria. Se prevé que la Secretaria de Empleo coordine acciones con las jurisdicciones provinciales para generar vacantes en escuelas de adultos.

Los jóvenes que participan en esta prestación reciben una ayuda económica de $ 450 durante los meses lectivos y asignaciones estímulo por conservar la escolaridad tras el receso de verano e invierno ($ 300), por aprobar un grado o año ($ 600) y por aprobar un módulo en sistema semipresencial ($ 150 hasta un máximo de $ 900 por año).

6) Cursos de formación profesional

Coordinación de acciones con las jurisdicciones educativas provinciales, las cámaras empresarias y sindicatos para el desarrollo de cursos de formación profesional.

Quienes participan de estos cursos reciben una ayuda económica de $ 450 mensuales y una asignación estímulo al concluir el curso de $ 150 por cada mes de duración y hasta un máximo de $ 900.

7) Certificación de competencias laborales

Se prevé que los jóvenes que tengan experiencia laboral puedan ser evaluados para certificar sus competencias a efectos de fortalecer su curriculum y ser derivados a instancias de formación adicional.

8) Generación de emprendimientos independientes

Se prevén cursos de gestión empresarial con una asignación económica de $ 450 mensuales. Los jóvenes que opten por generar un emprendimiento independiente percibirán, para la formación del capital y de acuerdo con las necesidades y características del plan de negocios aprobado, hasta la suma de $15.000. Transcurridos los 9 meses de ejecución de su proyecto podrá solicitar un refinanciamiento por hasta el 50% del monto original otorgado.

9) Acciones de entrenamiento para el trabajo

Es una modalidad formativa que incluye práctica en lugar de trabajo. Se encuentra regulada por una resolución que también alcanza a los beneficiarios del seguro de empleo y capacitación (muchos ex jefes y jefas de hogar). Puede desarrollarse en el sector público, empresas privadas y ONG's.

Tiene una duración mínima de 1 mes y máxima de 8 meses, con una carga máxima de 6 horas diarias y 30 semanales.

Los destinatarios reciben –durante el entrenamiento– una ayuda económica no remunerativa de $ 1.000 mensuales, a cargo del Ministerio de Trabajo y, según el caso, de la entidad ejecutora (si es una microempresa el Ministerio se hace cargo de la totalidad de la ayuda, si es una pequeña el Ministerio cubre $ 700 y si es una grande $ 300).

Además se prevé que el Ministerio de Trabajo pueda brindar asistencia a organismos ejecutores para adquirir herramientas, ropa de trabajo y seguros de accidentes personales, entre otros puntos.

10) *Apoyo a la inserción laboral*

No hay información clara respecto de las acciones de apoyo a la inserción laboral.

En la descripción de las acciones del programa se sostiene que el Ministerio de Trabajo promoverá la contratación de jóvenes ofreciendo incentivos de $ 400 mensuales durante 6 meses a las micro, pequeñas y medianas empresas que incorporen jóvenes en el marco del programa, correspondiendo al empleador abonar la diferencia para alcanzar el salario correspondiente al puesto a ocupar, según el convenio vigente.

Sin embargo, en otro apartado de la web en el que se difunden los incentivos financieros destinados a las pequeñas y medianas empresas que contraten jóvenes integrados al Programa, se sostiene que cuando una firma ofrezca un empleo a un joven podrá descontar del salario una suma mensual no remunerativa de hasta $1.000, que le será compensada al joven por el Ministerio de Trabajo.

Sí hay coincidencias respecto del plazo máximo del beneficio –6 meses– y en que se prevé la derivación de los jóvenes al "Programa de Inserción Laboral, Línea Promoción del Empleo Asalariado en el Sector Privado", dependiente también del Ministerio de Trabajo.

Implementación

El programa se implementa a través de las oficinas de empleo municipales que integran la red de servicios de empleo.

Las oficinas de empleo deben contar con un área de empleo joven con suficiente infraestructura edilicia, línea telefónica y equipamiento informático, además de conexión a internet por banda ancha, otros insumos y personal (integrado por orientadores, tutores y operadores de plataforma informática, en la cantidad que fije la Secretaría de Empleo, seleccionados en forma conjunta con el municipio).

Se prevé que la Secretaría de Empleo pueda asistir económicamente a los municipios, pero sin establecer criterios para definir a cuáles y por qué montos.

Tampoco fija como criterios para resolver la incorporación de un municipio al programa la tasa de desempleo juvenil ni la cantidad de jóvenes desempleados. Supuestamente se le exige un esquema local de prestaciones.

Para convocar al programa se prevén reuniones y talleres de sensibilización. Se dispone que, como apoyo a las acciones de adhesión de jóvenes, se puedan celebrar acuerdos con universidades, instituciones educativas y organizaciones de la sociedad civil.

Cuestionamientos

1) Exclusiones en la definición de la población destinataria

Consideramos una falencia del programa gubernamental que deje fuera a los jóvenes de 16 y 17 años –cuyo trabajo está permitido y protegido por la normativa vigente en nuestro país (Ley 26.390 de Prohibición del Trabajo Infantil y Protección del Trabajo Adolescente)– en tanto constituyen el sector juvenil más afectado por los problemas de exclusión social.

Para hacer frente a las necesidades económicas de sus hogares, se ven forzados a dejar la escuela y expuestos de manera temprana a un mercado laboral que los precariza o, directamente, los deja al margen.

Según la OIT, en general poseen menos nivel educativo y menos experiencia, conformando *"el grupo que más dificultades tiene para encontrar trabajo"*, situación que *"repercute en las pocas posibilidades de acumular la experiencia necesaria que buscan los empleadores"*.

El mismo organismo también cuestiona la incompatibilidad entre la percepción de la asignación universal por la tenencia de hijos a cargo y ser beneficiario del Programa "Jóvenes con Más y Mejor Trabajo", por considerar que en muchos casos esta incompatibilidad implicó un traspaso de población hacia el primero, suponiendo una limitación a las acciones de empleabilidad.

2) *Falta de reflejo presupuestario y metas inconsistentes*

Lejos de la jerarquía que se le da en lo discursivo a la problemática del desempleo juvenil, este Programa del Poder Ejecutivo carece de reflejo presupuestario propio y se encuentra incluido dentro de otro denominado "Acciones de Capacitación Laboral" que, para el año 2013, tiene asignados $ 1.128 millones, equivalentes al 0,17% del presupuesto total de la Administración Nacional.

Resulta imposible determinar cuánto de esos $ 1.128 millones se destina efectivamente a jóvenes desempleados. Sólo sabemos que $ 961 millones corresponden al financiamiento de las ayudas sociales que se dan a las personas que se capacitan.

Además, es sustancial la desactualización de la partida "Acciones de Capacitación Laboral" en el marco del total del Presupuesto de 2013 comparado con el de 2012. Así, mientras que en 2012 la partida correspondía al 0,2% del total, en el año 2013 descendió al 0,17%.

Asimismo, dicha partida aumentó nominalmente un 9,8% de 2012 a 2013 (de 1.027 a 1.128 millones), lo que –en el marco de una inflación que rondó los 25 puntos porcentuales– importa un descenso real del orden del 15%.

Como meta, el presupuesto estableció el pago de 1.800.000 beneficios mensuales destinados a brindar asistencia financiera a jóvenes desempleados.

Pese a la imprecisión terminológica de esa meta (que no refiere al número de beneficiarios), el prorrateo de la misma permite estimar que el Poder Ejecutivo previó alcanzar a un promedio de 150.000 jóvenes (1.800.000/12), cuando en la Argentina hay alrededor de un millón de personas de entre 15 y 24 años que no estudia ni trabaja.

Esa previsión formal también contradice a comunicados oficiales del Ministerio de Trabajo que hablan de casi 500.000 jóvenes que participan de esta política.

Los 500.000 beneficiarios anunciados por el Ministerio de Trabajo tampoco se condicen siquiera con la cantidad total de jóvenes que pasaron por el programa desde su implementación. Al consultar a las oficinas de empleo municipales[94], detectamos sólo 220.069 beneficiarios totales

[94] La investigación consistió en consultar a la totalidad de las Oficinas de Empleo

desde el año 2008 que, potencialmente, podrían ampliarse hasta un máximo de 300.000.

También descubrimos que alrededor del 30% de los jóvenes inscriptos no son destinatarios de ninguna de las prestaciones que el mismo prevé. El Estado convoca a los jóvenes, los anota en un Programa y, sin embargo, no les da ningún tipo de respuesta.

3) Ausencia de parámetros de actualización de los beneficios monetarios

Ninguno de los beneficios y/o incentivos monetarios previstos en el Programa –ya sean para las empresas en el caso de los incentivos a la contratación de jóvenes o a los propios jóvenes en el resto de las prestaciones– está sujeto a un esquema que permita su actualización anual automática, tal como puede ser fijando la suma monetaria en función de un porcentaje del Salario Mínimo Vital y Móvil o estableciendo una suma fija pero que se actualice por algún índice que refleje el incremento de precios en nuestro país.

En el contexto de un país inmerso en un proceso inflacionario –que en los últimos años ha oscilado en torno del 20% o 25% anual– es imprescindible que las asignaciones que brinda el Estado –en este caso en el marco de un programa de promoción del empleo entre los jóvenes– prevea actualizaciones automáticas para que las mismas no queden atrasadas frente al aumento generalizado de los precios.

De hecho, los beneficios económicos del Programa han permanecido sin actualización desde el 2011, lo que supone –para el 2013– una pérdida de su valor real del orden del 40% o 50%.

---

de la Red de Servicios de Empleo del Ministerio de Trabajo, Empleo y Seguridad Social. A partir de un cuestionario estructurado, indagamos respecto de si ejecutaban el Programa, en qué año comenzaron a ejecutarlo, si habían creado el Área de Empleo Joven correspondiente, si recibían asistencia financiera de Nación y a cuánto ascendía, con qué recursos humanos contaban, si eran profesionales, cuál era la cantidad de inscriptos desde que comenzó a aplicarse el Programa, cuál era la cantidad de inscriptos actuales, y de qué prestaciones habían participado los beneficiarios.

4) Cobertura territorial insuficiente

Un hecho que podría considerarse positivo, como es la creación de áreas de empleo joven en las oficinas de empleo municipales integrantes de la red federal de servicios de empleo, se ve desvirtuado por lo insuficiente de la cobertura territorial de las que existen y de las que son autorizadas a inscribir beneficiarios y asistidas por el Ministerio de Trabajo.

El Programa "Acciones de Capacitación Laboral" prevé, como meta física para el 2013, brindar asistencia técnica y financiera a 175 municipios.

De esta manera, se está dejando afuera de los alcances del "Jóvenes por Más y Mejor Trabajo", al 66% de las oficinas que integran dicha red y a más del 90% de los casi 2.200 municipios que existen en la Argentina.

Aunque las ciudades más grandes del país están comprendidas, las implicancias son graves porque se les exige a los jóvenes, como requisito de accesibilidad al Programa, residir dentro del ámbito territorial de incumbencia, o en zonas cercanas, de una oficina de empleo integrante de la red federal.

Por otra parte, hay un 33% de las oficinas municipales que ejecutan el Programa que no crearon la correspondiente área de empleo joven, aunque es un requisito obligatorio previo.

5) Criterios discrecionales para definir los Municipios asistidos

Otro elemento preocupante es que para definir a los municipios que pueden ejecutar el Programa "Jóvenes con Más y Mejor Trabajo", la Resolución que lo regula no considera ni la cantidad de jóvenes desocupados que viven en ellos ni la tasa de desempleo juvenil que registran.

Cuando se analiza cómo se distribuyen territorialmente los fondos que, en parte, se destinan a financiar ayudas sociales para los jóvenes, se advierte un gran margen de discrecionalidad gubernamental.

Para realizar este análisis, debimos tomar los datos correspondientes al Presupuesto de 2012, en tanto que para el año 2013, en las planillas anexas no fue publicada la forma en que se distribuían los fondos.

Así, de los $ 763 millones que, en parte, se destinaron en 2012 a financiar ayudas sociales para los jóvenes, se advierte un importante margen de discrecionalidad gubernamental.

Por ejemplo, Tucumán recibe más fondos que Córdoba aunque éste último es un distrito poblado por un mayor número de jóvenes y registra una mayor desocupación juvenil.

Tucumán: 5,68% de los recursos, 509.000 habitantes entre 10 y 29 años, tasas de desempleo juvenil: 14,20% (femenina) y 6,50% (masculina).

Córdoba: 4,37% de los recursos, 1.103.000 habitantes entre 10 y 29 años, tasas de desempleo juvenil: 22% (femenina) y 15% (masculina).

Tampoco resulta entendible que a Formosa se le destinen los mismos fondos que a Córdoba o más que la Ciudad de Buenos Aires.

Formosa: 4,37% de los recursos, 211.000 habitantes entre 10 y 29 años, tasas de desempleo juvenil: 3,40% (femenina) y 3% (masculina).

Ciudad de Buenos Aires: 3,70% de los recursos, 708.000 habitantes entre 10 y 29 años, tasas de desempleo juvenil: 10,20% (femenina) y 8% (masculina).

A la misma conclusión puede arribarse si se toman los casos de Corrientes y Entre Ríos.

Corrientes: 4,37% de los recursos, 382.000 habitantes entre 10 y 29 años, tasas de desempleo juvenil: 9,70% (femenina) y 6,60% (masculina).

Entre Ríos: 1,89% de los recursos, 421.000 habitantes entre 10 y 29 años, tasas de desempleo juvenil: 23,40% (femenina) y 9,10% (masculina).

Sólo la provincia de Buenos Aires y Santa Fe reciben porcentajes acordes con su población y con las tasas de desempleo juvenil que presentan, muy probablemente, con el objetivo de evitar potenciales estallidos sociales.

6) Desfinanciamiento de las acciones de orientación laboral

Según el esquema planteado por el gobierno nacional, los municipios son los encargados de inscribir a los beneficiarios del Programa "Jóvenes con Más y Mejor Trabajo", confeccionar y hacer un seguimiento de sus historias laborales, desarrollar acciones de orientación laboral y asistencia a la búsqueda de empleo, generar un esquema local de prestaciones y derivarlos a los distintos componentes que forman parte de otros programas.

No obstante, las partidas presupuestarias destinadas a fortalecerlos son mínimas. En el Programa "Acciones de Capacitación Laboral", el presupuesto 2013 prevé transferencias a provincias y municipios por un monto total de $ 89.250.000.

Dividido entre los 175 municipios a los que supuestamente se le brinda asistencia, son $ 510.000 anuales y $ 42.500 mensuales para cada uno.

Según la regulación del "Jóvenes con Más y Mejor Trabajo", esos $ 42.500 deberían destinarse a completar el equipamiento informático y mobiliario de la oficina de empleo, pagar parte de los honorarios del personal del área de empleo joven y constituir clubes de empleo.

No se incluye entre los fines de la asistencia y poco se dice sobre el origen del financiamiento de las llamadas prestaciones específicas del Programa (cursos de orientación e inducción al mundo del trabajo, cursos de empleabilidad e integración social y talleres de apoyo a la búsqueda de empleo) que la misma regulación pone en cabeza de las propias oficinas de empleo municipales y/o universidades, instituciones educativas u organizaciones de la sociedad civil.

Por el contrario, se limita a establecer que es facultad pero no obligación del Ministerio de Trabajo brindar apoyo económico a dichas instituciones, pese a la exigencia de requisitos tales como contar con docentes con antecedentes académicos, un adecuado espacio físico, insumos y útiles para los participantes, refrigerios, guardería y seguro de responsabilidad civil.

El desfinanciamiento de las acciones de orientación laboral hace que estos cursos no se organicen y va en detrimento del número de beneficiarios que pueden participar de los mismos.

De acuerdo con nuestro relevamiento de abril de 2012, solo el 19% de los jóvenes inscriptos realizó el curso de orientación e inducción al mundo del trabajo, no obstante su carácter obligatorio.

En el mismo sentido, conforme la OIT –sobre la base de información de la Secretaría de Empleo, para mayo de 2011– sólo lo habían hecho el 14,3% de los jóvenes que recibían alguna prestación del Programa.

7) Derivación de los jóvenes a programas generales de empleo

También consideramos negativo que el resto de las prestaciones previstas en el Programa "Jóvenes por Más y Mejor Trabajo" (cursos de formación profesional, emprendimientos independientes, acciones de entrenamiento para el trabajo y apoyo de inserción laboral), no estén específicamente dirigidas a jóvenes desocupados, sino que queden enmarcadas en programas generales de empleo que no tienen en cuenta las particularidades de las problemáticas que enfrentan ni se ejecutan desde una perspectiva juvenil.

Las dificultades de esta falta de especificidad se ven expresadas, por ejemplo, en el componente de inserción laboral, en virtud del cual el Ministerio de Trabajo ofrece un incentivo mensual a las empresas que contraten trabajadores desocupados, que se computa como parte del salario.

Según información de la página web de ese organismo –y suponiendo que el beneficio no son los $ 400 mensuales que figuran como "Apoyo a la Inserción laboral" del Programa Jóvenes con Más y Mejor Trabajo– el "Programa de Inserción Laboral, Línea Promoción del Empleo Asalariado en el Sector Privado" al que son derivados, tiene en cuenta el sexo y la edad de los trabajadores para determinar el monto y la duración del incentivo.

En el caso de los varones, el incentivo es siempre de $ 1.000 mensuales pero puede durar hasta 6 meses para los menores de 45 años y hasta 9 meses para los mayores de esa edad.

Para las mujeres menores de 45 años la duración es de 6 meses y el beneficio de $ 1.000 / $ 1.250, mientras que para las mayores se extiende a 9 meses y el beneficio es de $ 1.000 / $ 1.250 / $ 1.500.

Resulta obvio que –más allá de la escasa incidencia de este componente que se analiza en el apartado siguiente– el mismo está diseñado para priorizar la contratación de personas mayores –fundamentalmente mujeres– desconociendo la crudeza de las estadísticas que muestran cómo los problemas de empleo golpean en mayor medida a los jóvenes de ambos sexos.

8) Baja incidencia de los componentes de formación profesional y las acciones de promoción del empleo

A partir del relevamiento realizado, las oficinas de empleo municipales nos informaron que es prácticamente nula la incidencia de las prestaciones dirigidas a promover el empleo (asistencia y talleres de búsqueda de empleo, formación profesional, acciones de entrenamiento para el trabajo y apoyo a la inserción laboral).

En este caso, debemos tener en cuenta que es imposible conocer a ciencia cierta qué monto presupuestario se destina a las acciones de formación profesional y a la promoción del empleo, en tanto que el Programa de "Acciones de Capacitación Laboral" no prevé partidas para transferencia a empresas privadas.

De la misma forma, el Programa al cual son derivados tampoco discrimina qué partidas son destinadas a financiar las acciones para los jóvenes.

En su informe sobre jóvenes y trabajo decente en la Argentina, publicado en el año 2011, la OIT ratifica lo anterior al plantear que, de los jóvenes que realizan alguna prestación, entre el 2,4 y 5,3% participarían de instancias de formación profesional y el 3,6% en acciones de entrenamiento para el trabajo.

El Ministerio de Trabajo difunde unos 1.900 emprendimientos productivos, aunque no aparecen incluidos como meta ni tienen reflejo presupuestario en ninguno de los Programas que el mismo ejecuta.

Estamos frente a un Programa que abunda en cantidad de prestaciones –en lo que pareciera ser un intento por cubrir todas las posibles y diversas situaciones que puede enfrentar un joven en relación con la crisis de empleo en nuestro país– pero que jerarquiza aquellas que justamente menos efectividad tienen para enfrentar la problemática en cuestión. En definitiva, la abundancia de prestaciones y una desatinada jerarquización de las mismas complejiza el Programa y restringe fuertemente sus posibilidades de éxito.

9) Ausencia de parámetros contra el fraude laboral

La regulación de la modalidad de entrenamiento en lugar de trabajo deja abierta la puerta para su utilización fraudulenta, posibilitando que los jóvenes se conviertan en mano de obra barata para la realización de tareas específicas.

Puede durar hasta un máximo de 8 meses y tener una carga horaria de 6 horas diarias y 30 semanales, a cambio de una ayuda económica de $ 1.000 que –como ya se explicó– es totalmente cubierta por el Ministerio en el caso de las microempresas, cofinanciada con las pymes y totalmente solventada por las grandes empresas.

De la misma manera, la prestación correspondiente a la inserción laboral no establece requisitos para que las empresas puedan acceder a ella, dirigidos a impedir que sea usada para rotar la planta de trabajadores, en vez de crear nuevos puestos de trabajo a partir de los incentivos.

10) Preponderancia de las acciones de terminalidad educativa

Del mismo informe de la OIT surge que la mayoría de los jóvenes que reciben una prestación del Programa, en realidad participan de prestaciones de terminalidad educativa, alcanzando al 77,9%.

Idéntica situación detectamos en nuestro propio relevamiento, conforme al cual participan de este componente alrededor del 51% de los jóvenes inscriptos.

En relación con este punto, la primera objeción es que excluye de esta política al Ministerio de Educación y se le otorga al Ministerio de Trabajo un rol que lo excede, por ejemplo, poniendo en cabeza de la Secretaría de Empleo la coordinación con las jurisdicciones educativas provinciales de la apertura de instancias de educación para adultos.

La segunda es que los componentes eminentemente laborales son postergados, al punto de terminar desvirtuando el carácter de programa de promoción del empleo que debería tener el "Jóvenes por Más y Mejor Trabajo".

11) Exclusión de jóvenes desocupados con secundario completo

Esa preponderancia del componente educativo tiene como correlato la exclusión como beneficiarios del Programa de los jóvenes desocupados que han terminado sus estudios secundarios, aun cuando en nuestro país contar con un título de nivel medio no es garantía de inserción en el mercado laboral.

Según datos de la OIT, la relación entre la terminación de la escolaridad obligatoria y el trabajo decente no es lineal. Es cierto que el 81% de los jóvenes que gozan del mismo cuenta con nivel medio completo. Sin embargo, entre quienes se encuentran desocupados o tienen un trabajo precario, el 49,4% no concluyó esos estudios pero el 50,6% sí lo hizo.

Con lo cual, la exclusión a los jóvenes que hayan terminado el secundario implica una clara restricción de la que debería ser la población objetivo de un programa destinado a generar oportunidades de inclusión laboral de los jóvenes.

12) Ausencia de instancias de control social y mecanismos de evaluación

En relación con el seguimiento de las acciones previstas en el Programa "Jóvenes por Más y Mejor Trabajo", sólo se incorporan disposiciones atinentes al control oficial de los organismos responsables de las prestaciones (municipios, organizaciones sociales, sindicatos, empresas, etc.), a través de un sistema de visitas.

Nada se menciona en la Resolución que lo regula respecto de alguna instancia de control social y mucho menos de ámbitos de participación de los distintos actores involucrados en la revisión de los componentes que lo integran y la propuesta de nuevos lineamientos.

Tampoco se prevén mecanismos para evaluar el impacto que su implementación tiene en las problemáticas vinculadas con el empleo joven, tornando casi imposible una valoración seria de sus alcances, aunque en documentos de la OIT se lo señala como una estrategia necesaria *"para invertir eficazmente en las intervenciones en el mercado de trabajo que reducen el desempleo juvenil"*.

De hecho, en el informe de la OIT sobre jóvenes y trabajo decente en la Argentina, publicado en el año 2011, se reconoce la visibilidad que el Ministerio de Trabajo le ha dado a la problemática laboral de los jóvenes pero, al mismo tiempo, considera que la cobertura, alcance y efectividad de sus intervenciones distan de ser satisfactorias.

Puntualmente, señala como falencia la falta de adecuación, coordinación e integración entre instituciones y jurisdicciones, atribuyéndole el potencial de incrementar el impacto global de las intervenciones, generar un mayor sentido de pertinencia social y desarrollar mejores oportunidades en el mercado de trabajo.

Sin embargo, la prueba más incontrastable que da cuenta de las serias limitaciones del Programa Jóvenes con Más y Mejor Trabajo la da el propio INDEC. Según este organismo, cuando se comenzó a ejecutar el Programa el segundo trimestre de 2008, la desocupación entre las mujeres jóvenes ascendía a 16,6% y entre los hombres a 12,6%. Tras cinco año de ejecución, para el segundo trimestre de 2013, y más allá que la desocupación general bajó (de 8% a 7,2%) la desocupación juvenil subió tanto entre los hombres jóvenes (13,1%), como entre las mujeres de la misma edad (17,3%).

b) Otros programas, la misma lógica

En paralelo, el Ministerio de Desarrollo Social de la Nación también ejecuta, aunque de forma discontinua, acciones destinadas a jóvenes desempleados.

Es el caso del Programa "Incluir", que fue lanzado en el año 2012 y apuntaba a promover el ingreso al mundo laboral de jóvenes que no estudian ni trabajan, a través de actividades de capacitación y la financiación de proyectos productivos y comunitarios orientados al desarrollo regional.

Se trataba de un programa que, no obstante compartir metas, población objetivo y estar bajo la órbita del Poder Ejecutivo Nacional, no tenía ningún tipo de coordinación con el Jóvenes con Más y Mejor Trabajo. En el año 2013, este programa fue dado de baja.

Otro caso que da cuenta de la discontinuidad con la que se ejecutan los programas destinados a los jóvenes en el Ministerio de Desarrollo Social de la Nación es el plan "Jóvenes Padre Mujica". Este fue ejecutado hasta el año 2011 y luego retomado hacia 2013. Está bajo la órbita de la Dirección Nacional de Juventud – y persigue el objetivo de *"promover el servicio solidario, el compromiso social y generar espacios de capacitación en oficios e inclusión laboral juvenil que favorezcan la igualdad de oportunidades"*.

Este plan se enmarca presupuestariamente en el programa "Capacitación, Fortalecimiento y Asistencia Técnica", que contaba para el 2012 con $ 107 millones, lo que supuso un descenso nominal del 32% respecto de la partida asignada a este mismo programa en el presupuesto 2011 (si se toma en cuenta la inflación sería un descenso real de más del 50%).

En ese marco, sus actividades tienen cuatro ejes:

- el "Movimiento Solidario Juvenil", que consta en la supuesta capacitación de 50.000 promotores bajo la modalidad de "formador de formadores" y de educación popular, buscando la participación de 500.000 jóvenes en la elaboración de los "diagnósticos juveniles locales" a nivel nacional y de distintas actividades de servicio solidario/colectivo;
- el eje denominado "Construyendo Oportunidades", que plantea la capacitación de jóvenes de entre 18 y 29 años, al tiempo que se garantiza la alfabetización y terminalidad de sus estudios de nivel medio a través de una modalidad semipresencial;
- el "Movimiento Cultural Juvenil", entendido como el desarrollo de actividades artísticas, musicales, comunicacionales y deportivas, así como también la elaboración de publicaciones gráficas que contribuyen a la difusión de diversas actividades locales;
- y el eje "Nuevas Tecnologías", que supone la alfabetización informática, la instalación de PCs e Internet en los Centros Integradores Comunitarios (CIC).

En definitiva, tal como anticipamos con el título del apartado, la matriz que sobrevuela todos los programas destinados a incluir socialmente a los jóvenes a través del empleo y/o la capacitación está fuertemente marcada por la desarticulación, la discontinuidad y la falta de jerarquía política y presupuestaria.

VII.- ¿Y a nivel provincial, qué se hace? Programas, acciones de gobierno y leyes de las provincias y la Ciudad Autónoma de Buenos Aires. Fortalezas y debilidades

En las legislaturas provinciales se han presentado numerosos proyectos de ley referidos a la promoción del empleo juvenil, aunque en muchos casos finalmente no fueron aprobados.

Las leyes sancionadas apuntan casi exclusivamente al apoyo de jóvenes empresarios, y sólo una –la Ley 5.837 de la provincia de Corrientes que hasta fines de 2013 no había sido reglamentada– se plantea como finalidad atender el problema del desempleo y la subocupación de los jóvenes en situación de vulnerabilidad social.

En la misma dirección, la mayoría de las jurisdicciones provinciales y municipales no cuenta con programas propios, aunque en algunas se implementa el "Jóvenes con Más y Mejor Trabajo".

De hecho, a partir de un relevamiento de las páginas web oficiales, sólo fue posible identificar algún programa local que aborde el desempleo juvenil, en 7 distritos (La Pampa, Catamarca, Buenos Aires, Santa Fe, Ciudad de Buenos Aires, Chubut y Mendoza).

A continuación, desarrollaremos las principales características de cada uno de estos programas, intentando identificar las principales fortalezas y debilidades en cada uno de ellos.

a) La Pampa

En el año 2004, bajo la órbita del Ministerio de la Producción de esta provincia, se creó el Programa "Primer Empleo", por Decreto N° 326/04.

Inicialmente, estaba destinado a los jóvenes de entre 17 y 24 años con problemas de inserción laboral y tenía por objetivo facilitar su acceso al mercado de trabajo, a través de la realización de prácticas calificantes en empresas privadas de la provincia.

Según datos del mismo Ministerio, el Programa alcanzó a 39 localidades y participaron 2.100 jóvenes (910 mujeres y 1.190 varones), que realizaron prácticas en 820 empresas y/o comercios.

Se estimaba que habían sido contratados por tiempo indeterminado cerca de un 31% del total de los jóvenes beneficiarios.

Hacia el 2012, se encontraban activos 157 beneficiarios, distribuidos en 80 empresas privadas, de 11 localidades. Para el mismo año, se contaba con un financiamiento presupuestario del orden de los $ 5 millones.

En el año 2013, el programa fue reformulado a partir de una evaluación que dio cuenta de un gran impacto inicial que luego fue decayendo. De esta forma, a partir de su relanzamiento, se planteó como objetivo promover la inserción laboral de los jóvenes desempleados de 18 a 26 años sin experiencia laboral relevante, y al mismo tiempo contribuir a la formación de recursos humanos capacitados para las empresas locales.

A los jóvenes que pretenden participar del programa, también se les exige que no sean beneficiarios de ningún programa social ya sea en el orden nacional, provincial o municipal, ni ser parientes de los titulares de las empresas adheridas al programa.

A la empresa se le exige poseer como mínimo un empleado registrado, no haber realizado despidos ni sustitución masiva de empleados, no haber tenido sanciones por omisión en el registro de trabajadores, y asumir el compromiso de no sustituir trabajadores permanentes por beneficiarios del programa.

Asimismo, y con el objeto de que el instrumento de promoción no sea utilizado de forma fraudulenta, se fijó un cupo máximo de beneficiarios en función de los trabajadores que posea la empresa, a razón de:

- 1 empleado: 1 beneficiario
- Entre 2 y 3 empleados: 2 beneficiarios
- Entre 4 y 5 empleados: 3 beneficiarios
- Entre 6 y 10 empleados: 4 beneficiarios

- Entre 11 y 25 empleados: 5 beneficiarios
- Entre 26 y 40 empleados: 6 beneficiarios

Las nuevas modalidades contemplan el contrato por tiempo indeterminado y las becas de capacitación.

En el caso del contrato por tiempo indeterminado, el Estado se hace cargo por un plazo máximo de 12 meses, de $1.000 del salario del trabajador cuando el joven trabajador no cuenta con calificación formal, y de $1.300 cuando sí completó una carrera terciaria o universitaria.

Respecto de las becas de capacitación, por un plazo máximo de 6 meses y 6 más si se contrata al joven, éste recibe el mismo beneficio que la empresa en el caso del contrato por tiempo indeterminado. Durante este periodo la empresa está exenta de pagar las cargas sociales, no obstante tener que hacerse cargo del seguro por riesgos de trabajo. Las becas de capacitación tienen una duración de 4 horas diarias y 20 semanales.

Para el año 2013 también contaba con un presupuesto del orden de los 5 millones de pesos.

La primera cuestión que podemos destacar del caso pampeano es que se trata de un programa que se ha mantenido en el tiempo y que –a partir de una evaluación del impacto del mismo– fue reformulado con el objeto de que no perdiera trascendencia.

Por otro lado, también resulta positiva la introducción de mecanismos para que el programa no sea utilizado de forma fraudulenta por los empresarios, como el cupo de beneficiarios por empresa, la inclusión como requisito para los empleadores de no haber realizado despidos, no tener sanciones por trabajo no registrado y comprometerse a no realizar sustitución de empleados por beneficiarios.

Otro punto a destacar es que la modalidad contractual que se promueve para los jóvenes es la que menos los expone a situaciones de precariedad: el contrato por tiempo indeterminado.

Sin embargo, y tal como lo planteamos para el caso del Programa "Jóvenes con Más y Mejor Trabajo", la incompatibilidad que plantea el programa pampeano entre la percepción de otros programas sociales (como puede ser la Asignación Universal por Hijo) y ser beneficiarios del programa "Primer Empleo", supone una limitación de las acciones de empleabilidad.

Finalmente, y aunque ha quedado morigerado por la inclusión del contrato por tiempo indeterminado como una de las modalidades de promoción del programa, y ya no se habla de jóvenes que no hayan tenido un empleo sino que está enfocado a los jóvenes sin experiencia laboral "relevante", esta herramienta continúa estando dirigida a quienes todavía no han tenido su primer empleo, cuando en la Argentina más del 60% de los jóvenes desempleados ya ha tenido algún contacto con el mercado laboral, y el problema no es conseguir el primer empleo sino mantenerlo en el tiempo en condiciones de decencia.

b) Catamarca

Bajo la órbita del Ministerio de Producción y Desarrollo de la provincia, se ejecutaba hasta fines de 2012 el Programa "Mejoramiento de la Competitividad y Promoción del Empleo Joven", que se puso en marcha en el 2011, en el marco de una ley provincial de promoción económica e incentivos fiscales[95].

Apuntaba a la generación de empleo y al mejoramiento de las condiciones de empleabilidad de los jóvenes desocupados de entre 18 y 28 años de edad. La Resolución que lo creó estableció un cupo de 1.000 beneficiarios anuales y fijó su duración total en 5 años.

Consistía en un incentivo a la contratación de jóvenes, a través de una asistencia financiera a las empresas que los contrataran, que se extendería durante el plazo de vigencia del Programa.

En el transcurso del primer y segundo año, las empresas recibían $ 2.000 por empleado contratado, por mes. En el tercero y el cuarto, $ 1.330 por mes y en el quinto, $ 667. Se preveía la actualización de la ayuda económica de acuerdo con la evolución del Índice de Precios al Consumidor (IPC).

También se disponía un cupo máximo de beneficiarios por empresa, igual al 20% de la planta de personal estable cuando tenían menos de 50 empleados; y hasta del 25% en el caso de que fueran más.

Para poder participar de estos beneficios, las empresas no tenían que haber realizado despidos masivos por el lapso de los 6 meses anteriores

[95] Ley Provincial 5.238 de Promoción Económica e Incentivos Fiscales.

a la contratación del joven, ni podían reemplazar personal estable de la empresa con empleados contratados al amparo de este Programa.

Sin embargo, el Programa tal como estaba concebido duró poco. En octubre de 2012, a través de un decreto, dejó de estar enfocado a los jóvenes, para convertirse en un programa general de promoción del empleo. Así, través del decreto 1483/2012, el "Programa Provincial de Mejoramiento de la Competitividad y Promoción del Empleo Joven" pasó a llamarse "Programa Provincial de Mejoramiento de la Competitividad y Promoción del Empleo", pudiendo ser beneficiarios personas de ambos sexos de 18 años de edad en adelante que se encontraran desocupados.

También se modificó el parámetro y cuantía de la asistencia financiera a las empresas, estableciéndose la misma en función de un porcentaje del SMVM, a razón del 100% el primer año, 80% el segundo, tercero y cuarto año y un 30% durante el quinto año; dejando sin efecto la actualización según la evolución del Índice de Precios al consumidor.

De la misma forma se alteraron los requisitos exigidos a las empresas o empleadores para acceder al Programa, dejando sin efecto el cupo máximo de beneficiarios por empresa, así como también la exigencia expresa de no haber realizado despidos masivos por el lapso de los 6 meses anteriores a la contratación del joven.

Finalmente, la vigencia del Programa se extendió hasta diciembre de 2016.

Creemos que ha sido un enorme retroceso la modificación de este programa originalmente destinado a los jóvenes catamarqueños, toda vez que no sólo se eliminó una herramienta que procuraba atacar el desempleo juvenil sin crear otra que la reemplace, sino que se abrió la puerta para la utilización fraudulenta de este beneficio por parte de los empresarios.

Por otro lado, sería conveniente que se priorizara la participación de pymes, que se incorporara alguna acción referida a la formación profesional de los destinatarios y que el otorgamiento de la asistencia se condicione a la contratación de los jóvenes por tiempo indeterminado, para evitar situaciones de precariedad.

c) Provincia de Buenos Aires

En este distrito, se encuentra vigente desde el año 2005 el "Programa de Responsabilidad Social Compartida Envión", llevado adelante por el Ministerio de Desarrollo Social.

Está destinado a chicos de entre 12 y 21 años en situación de vulnerabilidad social.

No se refiere exclusivamente a la cuestión del empleo, sino que el objetivo que persigue es integrarlos al sistema educativo y enseñarles un oficio, además de procurarles un *espacio de afecto y contención* en el que puedan realizar actividades deportivas, recreativas y culturales, con la guía de profesionales idóneos. Se pretende poner a su disposición herramientas que favorezcan su inserción al mercado laboral y a la vida social.

El hecho de abordar la problemática del desempleo juvenil en un marco tan amplio dificulta el desarrollo de acciones específicas y el logro de resultados concretos, sobre todo en la provincia más poblada del país, donde los índices de desocupación superan al promedio nacional.

d) Santa Fe

Bajo la órbita del Ministerio de Trabajo y Seguridad Social (Dirección de Políticas de Empleo y Formación Profesional) y del Ministerio de Educación (Dirección de Educación Técnica, Producción y Trabajo), se lleva adelante –con financiamiento nacional– el "Programa de Formación para el Trabajo".

En su marco, se promueve el dictado de cursos de formación profesional destinados a distintos grupos poblacionales vulnerables, entre los que se encuentran los jóvenes a partir de los 16 años, los jóvenes entre 18 y 24 años con educación incompleta y escasa experiencia laboral, y las mujeres que quieren ingresar a su primer empleo y ampliar sus posibilidades de acceso a uno de calidad.

Las acciones de capacitación pueden ser realizadas por instituciones de formación profesional públicas o privadas, como sindicatos, empresas u ONG´s.

Por otra parte, desde el Gabinete Joven de la Provincia, se implementa el plan "R.A.I.C.E.S." (Red de Arraigo, Inclusión y Cooperación en Santa Fe).

Dicho plan se vehiculiza a través de la Red de Municipios y Comunas Joven de Santa Fe, con la participación del Ministerio de Desarrollo Social (Programa de Inclusión Ciudadana), el Ministerio de Producción (Programa Agroindustria Familiar), el Ministerio de Trabajo y Seguridad Social, y el Ministerio de Innovación y Cultura (Dirección Provincial de Políticas de Juventud).

Está enfocado en los jóvenes –de entre 18 y 29 años, desocupados y con derechos sociales vulnerados– que habitan en el interior provincial.

Se materializa a través de su formación socio-productiva, proporcionándoles herramientas para superar la exclusión y promover su emancipación personal, social y económica.

También prevé la realización de encuentros dirigidos a descubrir la importancia de la cultura y la identidad para el desarrollo local y, sobre esa base, generar vínculos a partir de los cuales crear proyectos productivos que reciban apoyo oficial.

Vale la pena destacar que el Programa R.A.I.C.E.S. es la única política pública –sea en el orden nacional o provincial– que se orienta a resolver la situación específica de los jóvenes vulnerables residentes en áreas rurales, cuya situación es todavía más dramática que la de aquellos que viven en zonas urbanas.

e) Ciudad Autónoma de Buenos Aires

Aunque en la actualidad ha sido prácticamente desarticulado, vale la pena recoger la experiencia del Programa "Empleo Joven", diseñado y ejecutado por la Dirección General de Empleo de la Ciudad Autónoma de Buenos Aires, entre los años 2004 y 2007.

Estaba dirigido –fundamentalmente– a formar profesionalmente a jóvenes desocupados a los que se les otorgaba una beca de capacitación, se los orientaba laboralmente y se los contactaba con instancias de terminalidad educativa, cuando no habían concluido el secundario.

Actualmente, desde la Dirección General de Políticas de Juventud, se desarrolla un programa llamado "Red de Empleo Joven", que más allá del objetivo manifiesto de *"mejorar las condiciones de empleabilidad de los jóvenes de entre 16 y 29 años e incentivar la continuación de sus estudios superiores"*, se reduce a acercar la demanda de empleo con la oferta de jóvenes universitarios y a la realización de talleres de dos horas de duración para el armado del *curriculum vitae* y el desempeño en una entrevista laboral.

En el año 2013, se incluyó dentro de los beneficios de la "Red de Empleo Joven" el Programa Formación e Inclusión para el Trabajo Joven (FIT), que supuestamente apunta hacia la inclusión socio-laboral de los jóvenes de 18 a 29 años de la Ciudad de Buenos Aires que se encuentren en situación de desempleo, subocupación formal u ocupación informal, promoviendo estrategias de orientación laboral y apoyo en la búsqueda de empleo, la formación y capacitación laboral. Las capacitaciones tienen duración cuatrimestral, con percepción de una beca mensual y son complementados por un sistema de tutorías.

Sin embargo, en realidad no existe dicho programa enfocado específicamente a los jóvenes, tal como se publicita en la página oficial de la Red de Empleo Joven, sino que se deriva a los jóvenes a un programa general de promoción del empleo que funciona bajo la órbita del Ministerio de Desarrollo Social, llamado "Formación e Inclusión para el Trabajo (FIT)" que está destinado a cualquier persona mayor de 18 años.

En este sentido, al analizar la realidad del Programa Nacional Jóvenes con Más y Mejor Trabajo, ya hemos expresado las limitaciones que exhiben las prestaciones que no están específicamente dirigidas a jóvenes desocupados, sino que quedan enmarcadas en programas generales de empleo que no tienen en cuenta las particularidades de las problemáticas que enfrentan ni se ejecutan desde una perspectiva juvenil.

Esto pasa, pese a que en el distrito la tasa de desempleo juvenil entre los varones menores de 30 años es casi 4 veces la registrada entre los mayores de esa edad (10.1% y 2,6%, respectivamente) y, en el caso de las mujeres, es más del doble (9,6% y 4,2%)[96].

---

[96] EPH, INDEC, segundo trimestre de 2013.

f) Chubut

En marzo de 2012 y a través del decreto 340/12, se creó en la provincia patagónica el Programa "Más Empleo Joven", con el objeto de facilitar la inserción laboral de los jóvenes de 18 a 25 años.

Consiste en promover su incorporación al mercado de trabajo a través de la asistencia financiera a empresas del sector privado local que los contraten.

Los empleadores adherentes perciben por cada trabajador destinatario una suma mensual fija de $ 1.000, que se utiliza para completar la remuneración básica de la categoría laboral correspondiente.

Más allá de las similitudes, es superador al que estaba vigente en Catamarca hasta octubre de 2012, en cuanto a que para acceder al beneficio no se deben haber realizado despidos masivos en los últimos 6 meses –que la reglamentación fija en 10 trabajadores, en las empresas que ocupen a menos de 100 trabajadores; el 10% del número de trabajadores de la empresa en aquellas que tengan entre 100 y 300 trabajadores; el 30% del número de trabajadores en empresas de 300 o más trabajadores; o que afecte a la totalidad de la plantilla de la empresa– pero además tienen que incorporarse a los jóvenes a través de contratos de trabajo de carácter permanente y prestación continua.

En este sentido, la autoridad de aplicación, que es la Secretaría de Trabajo Provincial, controla que no se haya reducido la cantidad de trabajadores que comprenden el plantel básico de la empresa, al igual que el cumplimiento de las obligaciones laborales a cargo de la misma, *"resultando éste un requisito sine qua non para la efectivización de los pagos mensuales"*.

El Programa fijó en 1.000 la cantidad de trabajadores que pueden incluirse en el mismo y, si bien determinó como fecha de vencimiento el 31 de diciembre de 2012 –un tiempo que parece escaso, frente al carácter estructural de la problemática que aborda–, para fines del año 2013 el Programa continuaba vigente.

g) Mendoza

Hasta el año 2012, en la provincia cuyana se instrumentaba el Programa de Desarrollo y Crecimiento Juvenil, dirigido a jóvenes de entre 13 y 29 años. Como en Buenos Aires, el facilitar la inserción laboral era uno más de muchos otros objetivos, como la generación de hábitos de vida saludable y el cuidado del medioambiente, restándole efectividad a la hora de combatir el desempleo juvenil.

Lo ejecutaba el Ministerio de Desarrollo Social y Derechos Humanos (Dirección de Juventud), a través de la realización de acciones de capacitación y talleres de formación. No obstante, dicho programa fue dado de baja para el año 2013, sin que fuera reemplazado por otro que atendiera la realidad de los jóvenes desocupados.

A partir del 2013 y también bajo la órbita del Ministerio de Desarrollo Social y Derechos Humanos y de la Dirección de Juventud, se lanzó el programa "Jóvenes Emprendedores", con el objetivo de *potenciar el desarrollo del espíritu emprendedor mediante la puesta en práctica de un conjunto de conocimientos, habilidades y actitudes que impacten en el logro de la autonomía y el emprendimiento de los jóvenes de la Provincia de Mendoza"*.

Se implementa a partir de talleres de formación para jóvenes, el desarrollo de competencias emprendedoras, la generación de la idea creativa, y la asistencia en el plan de negocio. Está enfocado a jóvenes de 18 a 35 años que sean alumnos de los últimos años de las Escuelas Técnicas y de los Centros de Capacitación del Trabajo.

De esta forma, se dio de baja un programa que –aunque tangencialmente– abordaba la problemática del desempleo juvenil, por otro que no está destinado al universo de jóvenes en situación de vulnerabilidad ni constituye el núcleo del desempleo juvenil en tanto que está enfocado a aquéllos que no abandonaron sus estudios secundarios.

h) Córdoba

A pesar de que ya no se implementa, vale la pena recoger la experiencia del plan "Inclusión Laboral Familia Joven", que desarrolló el gobierno de Córdoba desde el año 2008 al 2010.

No contemplaba instancias de capacitación, sino que posibilitaba subsidiar la contratación de jóvenes desocupados de entre 16 y 30 años, con hijos a cargo.

Incorporando la perspectiva de género, priorizaba a las jefas de familia, reservando expresamente para las mujeres un 40% del cupo total que era de, aproximadamente, 8.000 vacantes.

Establecía varios requisitos para que las empresas pudieran participar, evitando que sea utilizado como una herramienta de flexibilización laboral.

Particularmente, exigía que no se hubieran producido despidos masivos en los últimos 6 meses; que no se postularan al beneficio trabajadores que hayan estado contratados en la empresa en los últimos 12 meses; que no se sustituyeran trabajadores permanentes por beneficiarios del programa; que la incorporación de beneficiarios no excediera al 30% del plantel de trabajadores permanentes y no permanentes para empresas con más de 15 empleados y que las firmas se comprometieran a no despedir al o a los beneficiarios por un mínimo de 2 años, salvo justa causa.

i) Síntesis

A continuación, desarrollamos un cuadro comparativo entre los programas que se ejecutan o se ejecutaron en las provincias que analizamos en párrafos anteriores. Lo haremos en función de nueve categorías, a saber:
1. Nombre del Programa;
2. Objetivo;
3. Destinatarios:
4. Modalidad;
5. Vigencia;
6. Autoridad de Aplicación;
7. Alcance;
8. Previsiones contra la precarización laboral; y
9. Financiamiento.

Programas de La Pampa, Catamarca y provincia de Buenos Aires

Provincia	LA PAMPA	CATAMARCA	PROVINCIA DE BUENOS AIRES
Nombre del Pro-grama	Primer empleo	Mejoramiento de la Competitividad y Promoción del Empleo Joven	Programa de Responsa-bilidad Social Compartida Envión
Objetivo	Promover la inserción laboral de los beneficia-rios y al mismo tiempo contribuir a la formación de recursos humanos capacitados para las empresas locales	La generación de em-pleo y el mejoramiento de las condiciones de empleabilidad de los beneficiarios	Integrar a los chicos al sistema educativo y enseñarles un oficio, además de procurarles la posibilidad de realizar actividades deportivas, recreativas y culturales con la guía de profesio-nales idóneos. Otorgarles herramientas que faciliten su inserción al mercado laboral y a la vida social
Destinata-rios/as	Jóvenes entre 18 y 26 años sin experiencia laboral	Jóvenes desocupados entre 18 y 28 años de edad	Niños y jóvenes entre 12 y 21 años y en situación de vulnerabilidad social
Modalidad	Contrato por tiempo indeterminado y becas de capacitación.	Asistencia financiera a empresas que con-traten jóvenes, por el lapso de 5 años ($ 2.000 en el 1er. y 2do. año; $ 1.330 en el 3er. y 4to año; y $ 667 en el 5to.)	Formación en oficios y otras acciones de capa-citación
Vigencia	Desde el año 2004 hasta la actualidad (no tiene fecha de venci-miento)	Desde el año 2011 hasta el 2012. Este último año el progra-ma fue modificado de tal forma que dejó de estar enfocado específicamente a los jóvenes	Desde el año 2005 hasta la actualidad (no tiene vencimiento)
Autoridad de Aplica-ción	Ministerio de la Produc-ción	Ministerio de Produc-ción y Desarrollo	Ministerio de Desarrollo Social

Provincia	LA PAMPA	CATAMARCA	PROVINCIA DE BUENOS AIRES
Alcance	Hasta 2012: 2100 jóvenes (910 mujeres y 1190 varones), los cuales realizaron prácticas en 820 empresas y/o comercios privados	1000 beneficiarios anuales	No se especifica
Previsiones contra la precarización laboral	A la empresa se le exige no haber realizado despidos ni sustitución masiva de empleados, no haber tenido sanciones por omisión en el registro de trabajadores, y asumir el compromiso de no sustituir trabajadores permanentes por beneficiarios del programa. Asimismo, se fijó un cupo máximo de beneficiarios en función de los trabajadores que posea la empresa, a razón de: *1 empleado, 1 beneficiario; *entre 2 y 3, 2 beneficiarios; *entre 4 y 5, 3 beneficiarios; *entre 6 y 10,4 beneficiarios; *entre 11 y 25, 5 beneficiarios; *entre 26 y 40, 6 beneficiarios.	Establecía un cupo máximo de beneficiarios por empresa igual al 20% de la planta de personal estable cuando tenían menos de 50 empleados y hasta del 25% cuando sean más. Las empresas no debían haber realizado despidos masivos por el lapso de los 6 meses anteriores a la contratación del joven, ni podían reemplazar personal estable de la empresa con empleados contratados al amparo de este programa.	No prevé
Financiamiento	Al igual que para el año 2012, para el 2013 tenía asignados $5 millones	No se especifica	No se especifica

Programas de Chubut y Santa Fe

Provincia	CHUBUT	SANTA FE	SANTA FE
Nombre del Programa	Más Empleo Joven	Programa de Formación para el Trabajo	Plan R.A.I.C.E.S. (Red de Arraigo, Inclusión y Cooperación en Santa Fe)
Objetivo	Facilitar la inserción laboral de los beneficiarios en empresas del sector privado local	Mejorar la empleabilidad de jóvenes socialmente vulnerables que se encuentran en situación de desempleo	Promover el arraigo, la inclusión y la cooperación entre los jóvenes del interior provincial
Destinatarios/as	Jóvenes de 18 a 25 años	Jóvenes de 16 años; jóvenes de entre 18 y 24 con educación incompleta y escasa experiencia laboral; y mujeres que quieren ingresar a su primer empleo, entre otros grupos vulnerables	Jóvenes que habitan en el interior de la Provincia de Santa Fe, entre 18 y 29 años, desocupados y con derechos sociales vulnerados
Modalidad	Asistencia financiera a las empresas que contraten jóvenes, por una suma de $ 1.000 mensuales que recibe el empleador por cada destinatario, que se utiliza para completar la remuneración básica de la categoría correspondiente	Cursos de formación profesional	Cursos de formación, otras acciones de capacitación, encuentros de vinculación y apoyo para proyectos productivos
Vigencia	Si bien el decreto que lo crea fijó la vigencia desde marzo a diciembre de 2012, hacia fines de 2013 el mismo continuaba vigente	No se específica desde cuándo está vigente (no tiene vencimiento)	Desde 2010 hasta la actualidad (no tiene vencimiento)

Provincia	CHUBUT	SANTA FE	SANTA FE
Autoridad de Aplicación	Secretaría de Trabajo	Ministerios de Trabajo y Seguridad Social y de Educación	Gabinete Joven, en coordinación con el Ministerio de Desarrollo Social, el Ministerio de Producción, el Ministerio de Trabajo y Seguridad Social, y el Ministerio de Innovación y Cultura
Alcance	1.000 jóvenes	No se especifica	No se especifica
Previsiones contra la precarización laboral	No haber realizado despidos masivos en los últimos 6 meses e incorporar a los jóvenes a través de contratos de trabajo de carácter permanente y prestación continua.	No prevé	No prevé
Financiamiento	No se especifica	Financiamiento nacional	No se específica

Programas de Mendoza y Córdoba

Provincia	MENDOZA	CORDOBA
Nombre del Programa	Programa de Desarrollo y Crecimiento Juvenil	Inclusión Laboral Familia Joven
Objetivo	Insertar laboralmente a los jóvenes, generarles hábitos saludables para mejorar su calidad de vida y, entre otros, concientizarlos en los cuidados del medio ambiente.	Promover la contratación de jóvenes en relación de dependencia
Destinatarios	Jóvenes de 13 a 29 años de edad	Jóvenes desocupados de entre 16 y 30 años con hijos a cargo
Modalidad	Acciones de capacitación y talleres de formación	Asistencia financiera a las empresas que contraten beneficiarios del programa; a razón de un subsidio de entre $ 400 y $ 500 mensuales durante un año.

Provincia	MENDOZA	CORDOBA
Vigencia	No se especifica desde cuándo estuvo vigente pero fue dado de baja durante 2013 y reemplazado por un programa que fomenta el emprendedorismo juvenil.	Desde el 2008 al 2010
Autoridad de aplicación	Dirección de Juventud, dependiente del Ministerio de Desarrollo Social y Derechos Humanos	Ministerio de Desarrollo Social
Alcance	No se especifica	Entre 8.000 y 12.500 jóvenes
Previsiones contra la precarización laboral	No prevé	No producir despidos masivos en los últimos 6 meses; que no se postulen al beneficio a trabajadores que hayan estado contratados en la empresa en los últimos 12 meses; que no se sustituyan trabajadores permanentes por beneficiarios del programa; que la incorporación de beneficiarios no exceda al 30% del plantel de trabajadores permanentes y no permanentes para empresas con más de 15 empleados y que las firmas se comprometan a no despedir al o a los beneficiarios por un mínimo de 2 años, salvo justa causa.
Financiamiento	No se especifica	No se especifica

Programas de la Ciudad Autónoma de Buenos Aires

Provincia	CIUDAD DE BUENOS AIRES	CIUDAD DE BUENOS AIRES
Nombre del Programa	Red de Empleo Joven	Empleo Joven
Objetivo	Mejorar las condiciones de empleabilidad de los jóvenes e incentivar la continuación de sus estudios superiores	Mejorar la empleabilidad de los jóvenes
Destinatarios/as	Jóvenes entre 16 y 29 años	Jóvenes entre 16 y 26 años, desocupados, con estudios secundarios incompletos (incluía a quienes estaban cursándolo o a quienes lo hubieran abandonado)
Modalidad	Talleres para acercar herramientas que les permitan afrontar la búsqueda de trabajo con mayor seguridad y preparación; brindar información con miras a acercar la oferta y la demanda de trabajo; y derivación hacia programas de formación no específicos para la juventud	Desarrollo de acciones de capacitación laboral (incluyendo contenidos teóricos y prácticos), a través de cursos y talleres de formación ofrecidos por centros especializados, sindicatos y ONG´s. Se preveía el otorgamiento de una beca de capacitación. Asimismo, se los orientaba laboralmente y se los contactaba con instancias de terminalidad educativa, cuando no habían concluido el secundario.
Vigencia	No se específica desde cuándo está vigente (no tiene fecha de vencimiento)	Desde el 2004 al 2007
Autoridad de Aplicación	Dirección General de Políticas de Juventud	Dirección General de Empleo
Alcance	No se especifica	4.500 beneficiarios anuales
Previsiones contra la precarización laboral	No prevé	No prevé
Financiamiento	No se especifica	Tenía rango presupuestario propio

VIII.- Nuestro proyecto de ley para la Promoción del Empleo Joven

a) Lineamientos generales

El proyecto de ley que presentamos ante la Cámara de Diputados en el año 2011 –Expediente N° 4211-D-2011– y que fuera representado en el 2013 –Expediente N° 4470-D-2013– se plantea como primer objetivo la jerarquización de la temática del empleo joven en la agenda pública y servir al diseño de una verdadera política de Estado que garantice su promoción.

Está destinado a los jóvenes de entre 16 y 24 años afectados por los flagelos de la desocupación y la subocupación, priorizando a las mujeres, a aquellos que abandonaron sus estudios primarios o secundarios y a los que tienen hijos a cargo.

Cuando hablamos de jóvenes, estamos haciendo referencia al conjunto de la población que se encuentra atravesando el *proceso de transición por el cual se pasa de la dependencia completa que caracteriza a la infancia en una serie de aspectos a la plena autonomía que es propia de la vida adulta*[97].

Como cualquier otro que se proponga, el rango etario adoptado para definir a los jóvenes alcanzados por las políticas y acciones previstas, puede ser tildado de discrecional o arbitrario.

A pesar de ello, es válido mencionar que el utilizado en el proyecto recoge un criterio demográfico en virtud del cual se distinguen tres grupos de jóvenes[98].

[97] OIT, CINTERFOR, *"Herramientas para la Transformación. Juventud, Educación y Empleo"*, 1998, p. 175.

[98] Miranda, Ana, *"No tan Iguales. No tan distintos"*. Integración y Participación de la Juventud en las Mercociudades, p. 68 y ss.

El primer grupo está constituido por los jóvenes menores –15 a 19 años– que son, por lo general, la franja que concentra las mayores problemáticas en cuanto a escasez de empleo y exclusión social.

El segundo es el de los jóvenes plenos –20 a 24 años– que presentan serias dificultades para insertarse en el mercado de trabajo aun cuando han terminado la escolaridad secundaria.

Finalmente, el tercer grupo está conformado por los jóvenes adultos –entre 25 y 29 años– cuyas características de inserción laboral no divergen de las de las personas adultas y, por lo tanto, quedarían al margen de este marco normativo.

Cabe aclarar que en la iniciativa, el límite se eleva a los 16 años, conforme la normativa vigente en nuestro país que, a partir de la Ley N° 26.390, ha prohibido expresamente el empleo de personas menores de esa edad.

La prioridad consagrada a favor de las mujeres tiene que ver con que la desocupación registrada entre las mujeres jóvenes es –tal como ya fuera descripto– sensiblemente superior a la registrada entre los varones de la misma edad.

La establecida respecto de los jóvenes que abandonaron sus estudios se sostiene en la consideración del acceso a la educación y la formación profesional como factores fundamentales de inclusión social.

Si los jóvenes no avizoran la posibilidad de una movilidad socioeconómica ascendente a partir del sistema educativo y de un trabajo, se desmotivan y cuestionan su validez como medios de progreso y realización personal.

Las crisis y los procesos de ajuste no afectan a todos los jóvenes por igual, sino que son aquellos que pertenecen a los grupos de menores recursos los que han sufrido las consecuencias más severas.[99]

Entre los jóvenes provenientes de hogares de bajos ingresos es donde se verifican los mayores índices de deserción escolar. Se trata de un sector de la población juvenil *"aquejado por un conjunto de factores negativos que atentan contra sus posibilidades en el campo laboral, reforzando la reproducción de su condición social: deserción temprana del sistema educativo formal, desatención de los sistemas de educación técnica y formación profesional hacia*

[99] Ibidem. p. 67.

los mismos, baja calidad de la enseñanza a nivel de los establecimientos educativos a los que acceden, inadecuación de la educación proporcionada por el sistema formal a las demandas del mercado laboral"[100].

En tercer lugar, se privilegia a los jóvenes con hijos a cargo en tanto la mejora de su situación redundará necesariamente en la de su familia y, por consiguiente, contribuirá a atacar la pobreza infantil y juvenil.

Sobre esta base, las políticas y acciones contempladas por el proyecto se dirigen a favorecer la inserción de los jóvenes en el mercado de trabajo, a promover la intermediación entre la oferta y la demanda de empleo desde una perspectiva juvenil, a incorporarlos en acciones de capacitación laboral, a enfrentar la informalidad y precariedad que los afecta, a promover un marco institucional adecuado, a la generación de espacios plurales de debate para abordar esta problemática y a garantizar recursos públicos suficientes para solucionarla.

En primer término, se prevé la creación de un régimen específico para fomentar la contratación en relación de dependencia de los jóvenes destinatarios de la ley por parte de micro, pequeñas y medianas empresas, teniendo en cuenta que –por lo general– el segmento de firmas más pequeñas es el que registra un mayor ritmo de generación de empleo.

En el marco de dicho régimen, se establece como incentivo el financiamiento por parte de la autoridad de aplicación del 60% del salario mínimo vital y móvil de los jóvenes que las empresas incorporen a través de un contrato por tiempo indeterminado, durante el primer año de relación laboral.

Para que este mecanismo no sea utilizado como un instrumento de flexibilización laboral, el proyecto dispone que sólo podrán hacer acceder al mismo las micro, pequeñas y medianas empresas que no hayan producido despidos injustificados de personal en los 6 meses anteriores a la utilización de cualquiera de los beneficios, ni en los 12 meses posteriores.

Otro eje desarrollado por el proyecto se refiere a la orientación e intermediación laboral, como un instrumento necesario para preparar a los

---

[100] OIT, CINTERFOR, *"Herramientas para la Transformación. Juventud, Educación y Empleo"*, 1998, p. 121.

jóvenes a enfrentar el mercado de trabajo, definir su perfil ocupacional y vincularlos con la demanda laboral.

Lo complejo del pasaje entre la escuela y el trabajo resulta agravado por la inexistencia de vínculos fuertes entre ambos y nos obliga a pensar en la necesidad de desarrollar instancias de articulación. La OIT señala que *"para mejorar la transición de la escuela al trabajo es importante que el mundo del trabajo se inserte más estrechamente en el mundo de la educación y viceversa"*[101].

En esa dirección, la Ley Nacional de Educación –Ley N° 26.206– contiene diversas disposiciones que incluyen como finalidad de la educación secundaria, la de vincular a los estudiantes con el mundo del trabajo, la producción, la ciencia y la tecnología.

Es una función que, en la práctica, la escuela media que está inmersa en una crisis que afecta su rol como articuladora del estudio con el trabajo, está lejos de cumplir. Al no ser percibida como un factor de movilidad social o como instrumento de protección frente al desempleo junto con la creciente necesidad de las familias de los hogares más pobres de contar con mayores ingresos, algunos jóvenes y sus familias terminan cuestionando la necesidad de permanencia en la misma[102].

En ese contexto, proponemos la creación de un Centro de Empleo Joven Estudiantil (CEJE) en cada una de las escuelas secundarias de gestión estatal, como nexo entre los futuros egresados y la demanda laboral.

Los CEJE tendrán a su cargo asistir a los jóvenes que cursan el último año en la elaboración de su perfil ocupacional, apoyarlos en la definición de estrategias educativas y laborales, vincularlos con instancias de capacitación laboral y contactarlos con empresas, organizaciones sociales u organismos públicos demandantes de empleo.

Complementando lo anterior y dirigidas a los jóvenes que abandonaron o concluyeron sus estudios secundarios, también se dispone la creación de instancias de intermediación laboral específicamente diseñadas para jóvenes, que funcionen a través de la Red Nacional de Servicios de Empleo.

[101] OIT, *"Trabajo decente y juventud en América Latina 2010. Lima"*, 2010, p. 37.
[102] Jacinto, Claudia. "Jóvenes Vulnerables y Políticas Públicas de Formación y Empleo". *Revista de Estudios de Juventud Mayo.* Buenos Aires, 2000.

Tales instancias dispondrán mecanismos para facilitar el acceso por parte de los jóvenes a distintas oportunidades de empleo, ofreciendo talleres de orientación vocacional y laboral, y poniendo a su disposición herramientas técnicas para la búsqueda de trabajo.

En definitiva, la iniciativa procura *"avanzar decididamente hacia la creación de mecanismos de orientación laboral, periódicamente actualizados y sensibles a las fluctuaciones de las necesidades de los mercados de trabajo... de lograr instancias y agentes articuladores de oportunidades laborales para los más jóvenes, auscultando periódicamente las necesidades de empleos locales y alimentando de esta manera los sistemas de orientación laboral"*[103].

La tercera línea de acciones que contempla el proyecto se refiere a la formación profesional de los jóvenes, en el convencimiento de que, si bien es cierto que la capacitación no es por sí sola garantía de una salida laboral, las posibilidades de acceder a un empleo por parte de quienes carecen de ella son muchísimo menores.

Atendiendo esa realidad, se dispone la creación del Seguro Universal de Formación Juvenil a favor de los jóvenes destinatarios de la ley que se incorporen a cursos de capacitación laboral dispuestos por la autoridad de aplicación.

La duración del seguro es anual y su monto mensual equivale al 20% del salario mínimo vital y móvil. Como único requisito para su percepción se establece la asistencia al 75% de las clases.

La OIT es clara respecto de los incentivos que otorga un beneficio económico. En este sentido sostiene: *"La posibilidad de percibir un ingreso, por mínimo que resulte... opera en un doble sentido: por un lado otorga condiciones materiales para la prosecución de los jóvenes para los cuales las dificultades económicas forman parte de los obstáculos que se les presentan para elevar sus calificaciones a través de la oferta regular; por el otro, hace parte de la estrategia de focalización, al ubicarse como referencia al momento de evaluar el atractivo que significa esta oferta en relación a las alternativas que pueden presentarse a los jóvenes"*[104].

---

[103] OIT, CINTERFOR, *"Herramientas para la Transformación. Juventud, Educación y Empleo"*, 1998, pp. 69 y 70.

[104] Ibidem, p. 149.

Por eso, este beneficio no resulta incompatible con otros destinados a promover la incorporación en el sistema educativo, ni con la Asignación Universal por Hijo que pudiera corresponder a jóvenes de entre dieciséis y dieciocho años.

Como suscribimos a lo expuesto por la OIT[105], cuando afirma que *"es necesario promover políticas públicas que apunten a que los jóvenes completen su educación y su especialización en el trabajo y, de esta manera, mejoren su empleabilidad, lo que no debe soslayar que también es prioritario el objetivo de mejorar las condiciones laborales de los jóvenes que actualmente se encuentran trabajando"*, el proyecto también contempla la realización de una amplia campaña contra el trabajo no registrado.

Dicha campaña se propone desarrollar en la población juvenil una cultura de trabajo formal que le permita incorporar hábitos y actitudes acordes con el ambiente laboral, proteger sus derechos sociales y promover su integración estable en el mercado de trabajo.

En lo que respecta a las empresas, pone énfasis en la importancia de cumplir la ley para evitar sanciones y reclamos judiciales posteriores derivados del no registro del personal y del incumplimiento de las normas del trabajo.

Respecto del marco institucional en el que se desarrollarán las acciones previstas, el proyecto pone la responsabilidad de ejecutarlas en cabeza del Ministerio de Trabajo, Empleo y Seguridad Social de la Nación, atento su carácter de autoridad de aplicación.

En aras de evitar una superposición programática, institucional y presupuestaria, se dispone la articulación y coordinación de acciones con las jurisdicciones provinciales y municipales que estén desarrollando –o lo hagan en el futuro– planes y políticas públicas que persigan los mismos o similares objetivos que la ley que proponemos.

Asimismo, se dispone la constitución de un espacio de debate plural y formulación de estrategias comunes, entre los distintos actores sociales involucrados en el abordaje de la realidad de la empleabilidad juvenil en todo el país.

Es el Foro Nacional Permanente por el Empleo Joven que convoca a participar a funcionarios de otras áreas gubernamentales, representantes

[105] OIT, *"Trabajo decente y juventud en América Latina 2010"*. Lima, 2010, p. 44.

parlamentarios e integrantes de organizaciones sociales juveniles, sindicatos y cámaras empresarias.

Dicho foro se reunirá como mínimo semestralmente, se encargará de evaluar el impacto de la implementación de la ley y actuará como organismo asesor de los poderes de Estado. En su seno, se formularán diagnósticos, y se realizarán estudios sobre este tema y se construirán consensos sobre nuevas líneas para combatir el desempleo juvenil.

Ninguno de estos instrumentos tendría posibilidades de concretarse en la práctica, si no se garantizan los recursos públicos necesarios para su financiamiento.

En este sentido, el proyecto propone la derogación de las exenciones del Impuesto a las Ganancias hoy vigentes a favor de las rentas financieras (intereses de depósitos bancarios, ganancias derivadas de títulos públicos y acciones, las diferencias entre las cuotas pagadas y el capital recibido al vencimiento en los casos de seguro de vida y mixtos, así como los intereses de los préstamos otorgados por organismos internacionales o instituciones oficiales extranjeras).

De acuerdo con las estimaciones realizadas por el Ministerio de Economía y Finanzas Públicas de la Nación, los gastos tributarios por estos conceptos ascenderán, en el año 2014, a cerca de $ 10.133 millones de pesos.

Con esta cifra, estaríamos en condiciones de llegar con las acciones previstas en la ley, a más de 800.000 jóvenes, capacitándolos, sacándolos de la precariedad e insertándolos en el mercado laboral.

Sin ninguna duda, es una clara medida de redistribución del ingreso en la Argentina, que vuelca recursos a la atención de la situación alarmante que hoy vive uno de los grupos más vulnerables de nuestra sociedad.

Con el capital que se recaude en virtud de esta derogación, el proyecto plantea la creación del Fondo Nacional para la Promoción del Empleo Joven, que será administrado por la autoridad de aplicación y se destinará exclusivamente a la ejecución de las políticas dispuestas en la ley.

Asimismo, se establece que las partidas presupuestarias correspondientes a los planes o programas desarrollados por otras áreas gubernamentales que tengan el mismo objetivo sean transferidos al Fondo Nacional.

Finalmente, para reducir los márgenes de discrecionalidad del Poder Ejecutivo Nacional y garantizar criterios objetivos, federales y equitativos para la distribución de los recursos del Fondo, el proyecto dispone que el reparto deberá realizarse teniendo en cuenta los índices de desempleo juvenil que registran las provincias y la Ciudad Autónoma de Buenos Aires, así como la cantidad de jóvenes desempleados que habitan en cada jurisdicción.

En síntesis, nuestra meta es contribuir a la generación de nuevas herramientas de promoción del empleo joven, capaces de ofrecer a nuestros jóvenes una salida alternativa a la miseria, la pobreza y la marginalidad; capaces de convertirlos en agentes de cambio social y de potenciar su energía creadora.

b) Comparación entre nuestro proyecto y el Programa "Jóvenes con Más y Mejor Trabajo"

Seguidamente, realizaremos una comparación entre nuestro proyecto de ley y el Programa Jóvenes con Más y Mejor Trabajo, a partir de quince categorías sobre cada una de las cuales expondremos algunas consideraciones. Las categorías sobre las cuales se trabajará son:

1. Edad de los destinatarios,
2. Estudios,
3. Cobertura territorial,
4. Criterios de distribución,
5. Orientación e intermediación laboral,
6. Vinculación con la escuela secundaria,
7. Formación profesional,
8. Práctica en el lugar de trabajo,
9. Certificación de competencias laborales,
10. Terminalidad educativa,
11. Apoyo a la contratación de jóvenes,
12. Emprendimientos productivos,
13. Trabajo no registrado,
14. Participación social y evaluación de impacto, y
15. Financiamiento.

	Jóvenes con Más y Mejor Trabajo	Nuestro Proyecto de Empleo Joven	Consideraciones
Edad de los destinarios	Jóvenes desocupados entre 18 y 24 años	Jóvenes desocupados y/o subocupados entre 16 y 24 años de edad.	Excluir a los jóvenes de 16 y 17 años importa dejar fuera al sector juvenil más vulnerable y que, pese a sus necesidades, enfrenta más dificultades en la búsqueda de empleo. Tampoco tiene sentido negar asistencia a jóvenes que desarrollan empleos temporales y precarios, si se tiene en cuenta que el 25,3% de jóvenes ocupados perciben ingresos horarios inferiores al salario mínimo, vital y móvil.
Estudios	Excluye a jóvenes con estudios secundarios completos	No excluye a los jóvenes con estudios secundarios completos, estableciendo una prioridad a favor de quienes hayan abandonado sus estudios, las mujeres en general y los jóvenes con hijos a cargo.	No hay una relación lineal entre la desocupación y la no finalización de los estudios secundarios. Se puede priorizar a los sectores más vulnerables sin excluir a otros que también enfrentan obstáculos para insertarse en el mercado de trabajo y a los que el Estado puede asistir, incluso más allá de lo económico.
Cobertura territorial	A través de las oficinas de empleo municipales que integran la red federal de servicios de empleo, que deben crear un área de empleo joven, como condición para inscribir beneficiarios y ejecutar proyectos. Sólo se prevé asistir a 175 oficinas, cuando existen en la Argentina cerca de 2.200 municipios.	También contempla el funcionamiento de instancias especialmente diseñadas para jóvenes en el marco de las oficinas de empleo integrantes de la red federal.	Aunque no está abordado en nuestro proyecto porque excede la temática del empleo joven, es indispensable extender y fortalecer los alcances actuales de la red de servicios de empleo. El rol de los municipios en el desarrollo de acciones de empleabilidad es fundamental por las posibilidades que las condiciones de proximidad ofrecen para el contacto y seguimiento, en este caso, de los jóvenes destinatarios.

	Jóvenes con Más y Mejor Trabajo	Nuestro Proyecto de Empleo Joven	Consideraciones
Criterios de distribución	No se establecen criterios objetivos para seleccionar los municipios asistidos y se impone como requisito de accesibilidad de los jóvenes residir en el área de una oficina de empleo.	Como criterio general para la distribución territorial de los recursos asignados a la ley, se dispone un criterio equitativo que tiene en cuenta los índices locales de desempleo juvenil y la cantidad de jóvenes desocupados que viven en cada provincia. El acceso de los jóvenes a las prestaciones previstas no está condicionado por su lugar de residencia.	La ausencia de criterios objetivos posibilita un manejo discrecional y arbitrario de los recursos, sostenido más en afinidades políticas que en necesidades reales.
Orientación e Intermediación Laboral	Las oficinas de empleo municipales inscriben a los jóvenes y completan su historia laboral. A través de ellas y de otras organizaciones e instituciones, se prevé el dictado cursos de orientación e inducción al mundo del trabajo - POI (2 meses y es obligatorio), apoyo a la empleabilidad e integración social (4 meses) y apoyo a la búsqueda de empleo (6 meses). En todos estos casos, los jóvenes reciben una ayuda económica de $ 450 no acumulable. Además, se dispone una ayuda de $ 225 para aquellos que participaron de la orientación e inducción al mundo del trabajo y no se encuentran participando de otra actividad, en tanto se presenten ante la oficina de empleo, dos veces en un mismo mes. Sólo el 19% hace el POI. No hay antecedentes de la realización de los otros cursos.	A través de las oficinas de empleo, se instrumentan mecanismos que facilitan el acceso de los jóvenes a la información sobre oportunidades de empleo, se brindan herramientas técnicas para la búsqueda de trabajo y se realizan talleres de orientación vocacional y laboral. No se prevén beneficios económicos.	En el esquema del gobierno nacional, los alcances de las acciones de orientación laboral y las ayudas económicas que reciben los beneficiarios las convierten en un fin en sí mismas, en vez de considerarlas un vehículo hacia componentes de formación profesional e inserción laboral, propiamente dichos. Por otra parte, se ofrece una ayuda económica por la sola concurrencia a las oficinas de los jóvenes que ya hicieron esos cursos, sin contemplar como correlato necesario su vinculación con alguna instancia de capacitación profesional o cobertura de un puesto de trabajo.

	Jóvenes con Más y Mejor Trabajo	Nuestro Proyecto de Empleo Joven	Consideraciones
Vinculación con la escuela secundaria	No se prevé	Conformación de los Centros de Empleo Joven Estudiantil (CEJE) en todas las escuelas secundarias públicas del país, que ofrecerán asistencia a los futuros egresados en cuanto a la elaboración de sus perfiles ocupacionales, la definición de estrategias educativas y laborales, la vinculación con instancias de capacitación profesional y el nexo con los demandantes de empleo.	Se complementa la labor de las oficinas de empleo, a través de una medida de alcance masivo que apunta a estrechar los vínculos entre la escuela media y el mercado de trabajo, fortaleciendo su rol como bisagra de la transición.
Formación profesional	No contempla prestaciones específicas sino que deriva a los jóvenes a acciones de formación profesional que alcanzan al conjunto de los desocupados. Los destinatarios perciben una ayuda económica de $ 450 mensuales y una asignación estímulo al concluir el curso de $ 150 por cada mes de duración, hasta un máximo de $ 900. No dice cómo se financian los cursos y se limita a plantear la coordinación con las provincias, cámaras y sindicatos. Nuestro relevamiento mostró que la incidencia de este componente es mínima.	Implementación de un Seguro Universal de Formación Profesional Juvenil, mensual y equivalente al 20% del salario mínimo, vital y móvil, a percibir durante un año por parte de quienes registren un 75% de asistencia a cursos dispuestos por el Ministerio de Trabajo que incluyen aspectos técnicos y prácticos. Con los recursos asignados a la ley, se estima que en un año es posible financiar el seguro y una oferta de cursos para 250.000 jóvenes.	En nuestra propuesta, los cursos son sostenidos por el Ministerio de Trabajo y diseñados, en conjunto, con las organizaciones laborales y las entidades capacitadoras, teniendo en cuenta las necesidades específicas de los jóvenes, los requerimientos del mercado laboral y la realidad de los sectores productivos de nuestro país. La cobertura del Seguro es extensa y su monto se actualiza conforme el salario mínimo en vez de sujetarse a una resolución administrativa.

	Jóvenes con Más y Mejor Trabajo	**Nuestro Proyecto de Empleo Joven**	**Consideraciones**
Práctica en lugar de trabajo	Se encuentra regulada por una resolución que también alcanza a beneficiarios de otros programas. Puede desarrollarse en el sector público, empresas privadas y ONG´s. Tiene una duración mínima de 1 mes y máxima de 8 meses, con una carga máxima de 6 horas diarias y 30 semanales. Los participantes reciben una ayuda económica no remunerativa de $ 1.000 mensuales, sostenida total o parcialmente por el Ministerio de Trabajo, según el tamaño de la empresa. Nuestro relevamiento mostró que la incidencia de este componente es mínima.	No está previsto como una modalidad independiente y sólo se establece que los cursos de formación profesional deben garantizar aspectos prácticos.	La práctica en lugar de trabajo, conforme la regulación planteada por el Ministerio de Trabajo, puede dar lugar a situaciones de fraude laboral y precarización, en tanto por una suma miserable se puede obligar a una persona a desempeñar una jornada de hasta 6 horas diarias y 30 semanales, cuando lo habitual es 8 y 48, respectivamente.
Certificación de competencias laborales	Prevé que los jóvenes que tengan experiencia laboral puedan ser evaluados para certificar sus competencias a efectos de fortalecer su curriculum y ser derivados a instancias de formación adicional.	No está contemplado expresamente.	Aunque no la incorporamos en nuestra propuesta, la certificación de competencias es una prestación positiva para favorecer la empleabilidad.

	Jóvenes con Más y Mejor Trabajo	Nuestro Proyecto de Empleo Joven	Consideraciones
Terminalidad educativa	Financia acciones de terminalidad educativa del ciclo obligatorio. Ayuda económica de $ 450 durante los meses lectivos y asignaciones estímulo por conservar la escolaridad tras el receso de verano e invierno ($ 300), por aprobar un grado o año ($ 600) y por aprobar módulo en sistema semi-presencial ($ 150 hasta un máximo de $ 900 por año). Según nuestro relevamiento, más de la mitad de los jóvenes limitan su participación a este tipo de acciones. Ser beneficiario del mismo es incompatible con la percepción de la asignación universal por hijo.	No financia acciones de terminalidad educativa pero dispone que la percepción de los beneficios previstos en la ley no es incompatible con la asignación universal por hijo o becas especialmente diseñadas para promover la reinserción escolar.	La enorme preponderancia que tienen estas acciones en el programa del Ministerio de Trabajo termina postergando las acciones laborales propiamente dichas y desvirtuando su rol de programa de empleo. Se relega al Ministerio de Educación y se ponen en cabeza de la Secretaría de Empleo funciones que la exceden, como la coordinación con las jurisdicciones provinciales para la creación de vacantes en instancias de educación para adultos.
Apoyo a la contratación de jóvenes	No hay un componente específico, sino que los jóvenes están incluidos en un programa general de inserción laboral que subsidia el salario pero prioriza la contratación de personas mayores de 45 años, sobre todo mujeres. Para los menores de esa edad se prevén subsidios de entre $ 1.000 y $ 1.250 (según sexo) por un plazo máximo de 6 meses. Su impacto es prácticamente nulo.	Creación de un régimen de incentivo especifico dirigido a mipymes que financia durante 1 año, el 60% del salario mínimo, vital y móvil de cada joven que se incorpore a un puesto de trabajo efectivo. Para acceder no se deben haber producido despidos injustificados en los 6 meses anteriores ni en los 12 posteriores. Con los recursos asignados a la ley, se calcula la posibilidad de cubrir durante el primer año la contratación de 75.000 jóvenes.	El esquema del Poder Ejecutivo no sólo no está previsto específicamente para la contratación de jóvenes, sino que además privilegia la contratación de mayores de 45 años (subsidios de $ 1.200 / $ 1.250 y $ 1.500 según el sexo y hasta un plazo máximo de 9 meses). Recordar que la tasa de desempleo entre los varones jóvenes es más alta que entre las mujeres mayores. Además no se prevén mecanismos para evitar la substitución de trabajadores y no se utiliza, pese a que debería ser una de las herramientas más importantes del Programa.

	Jóvenes con Más y Mejor Trabajo	Nuestro Proyecto de Empleo Joven	Consideraciones
Emprendimientos productivos	Contempla el dictado de cursos de gestión empresarial con una asignación económica de $ 450 mensuales y deriva a los jóvenes participantes a un programa general de empleo independiente y entramados productivos locales. Según nuestro relevamiento no se implementa y, aunque el Ministerio de Trabajo informó haber puesto en marcha 1.900, la OIT informa que su incidencia es baja porque los jóvenes no solicitan participar de este tipo de experiencias.	No se prevé.	No lo incluimos en la ley, porque preferimos priorizar el financiamiento de acciones tendientes a la inserción laboral de los jóvenes en relación de dependencia. La OIT considera que, por las características propias de la población que sufre el desempleo juvenil, no es posible atacar su núcleo duro a través del emprendedorismo que les exige contar con un bagaje mínimo de recursos humanos y materiales, del que carecen.
Trabajo no registrado	No lo contempla.	Dispone el desarrollo de una campaña contra el trabajo no registrado destinada a concientizar a los jóvenes sobre los derechos que les asisten como trabajadores y avanzar hacia la generación de una cultura del trabajo formal.	Tiene en cuenta que los jóvenes también constituyen el sector de trabajadores más afectados por la precarización y la no registración de las relaciones laborales. Recordar que más del 50% de los ocupados de esta franja etaria no tienen descuento jubilatorio, no gozan de vacaciones y días pagos por enfermedad, carecen de obra social y no perciben aguinaldo.

	Jóvenes con Más y Mejor Trabajo	**Nuestro Proyecto de Empleo Joven**	**Consideraciones**
Participación social y evaluación de impacto	No contempla instancias de control social para el seguimiento del Programa, sólo un régimen de visita a los proyectos. Tampoco incluye mecanismos para evaluar el impacto de las acciones desarrolladas en su marco.	Crea un Foro Nacional Permanente por el Empleo Joven, con participación de áreas gubernamentales, representantes del Congreso Nacional, cámaras empresariales, sindicatos y organizaciones juveniles, como ámbito para la realización de diagnósticos, evaluación del impacto de la ley y consenso de nuevas propuestas.	La OIT considera que la participación del sector privado y de los interlocutores sociales es necesaria para la eficacia de este tipo de programas. Además, entre las falencias detectadas en los que fracasaron, enumera la falta de criterios y mecanismos de evaluación de los impactos de las distintas intervenciones.
Financiamiento	Carece de reflejo presupuestario propio y se encuentra presupuestariamente incluido en el Programa de Acciones de Capacitación Laboral, que además financia otros planes. Es imposible saber cuántos recursos se destinan específicamente al mismo y qué cantidad de jóvenes llega a cubrir.	Creación del Fondo Nacional para la Promoción del Empleo Joven, integrado a partir de la eliminación de las exenciones a la renta financiera ($ 10.133.000.000 anuales que permitirían cubrir entre 700.000 y 800.000 jóvenes en 4 años, financiando los beneficios previstos, la capacitación e intermediación laboral y el incentivo a la contratación de los mismos).	Este dato revela la poca jerarquía que el gobierno nacional le da al empleo joven, más allá de lo discursivo. Nuestro objetivo es generar un shock de recursos que nos permita avanzar en un ataque contundente al desempleo juvenil y una más equitativa distribución del ingreso en la Argentina.

IX.- ANEXO

a) Expediente 4211-D-2011 (4470-D-2013)
Diputado Nacional Roy Cortina
Presentado el 25 de agosto de 2011 y representado el 3 de junio de 2013

PROYECTO DE LEY

La Cámara de Diputados y el Senado
SANCIONAN CON FUERZA DE LEY
PROMOCIÓN DEL EMPLEO JOVEN

Título I.- Disposiciones Generales

Capítulo Único
Artículo 1º.- Objeto

La presente ley tiene por objeto garantizar la implementación de políticas y el desarrollo de acciones dirigidas a promover la inserción laboral de los/as jóvenes.

Artículo 2º.- Destinatarios

Son destinatarios/as de las políticas y acciones previstas, los/as jóvenes desocupados y/o subocupados, entre dieciséis (16) y veinticuatro (24) años de edad.

Se prioriza a las mujeres, los/as jóvenes con hijos a cargo y aquellos/as que hayan abandonado los estudios primarios o secundarios.

Artículo 3º.- Finalidad

La finalidad de las políticas y acciones a implementarse es:

a) Promover la capacitación laboral de los/as jóvenes e incentivar su contratación en relación de dependencia.

b) Favorecer la intermediación entre la oferta y demanda de trabajo, en consonancia con las necesidades de los distintos sectores productivos.

c) Impulsar la participación de los agentes sociales en la formulación y aplicación de las políticas de empleabilidad juvenil.

d) Instrumentar un sistema de evaluación, control y seguimiento de la ley.

e) Fomentar el registro de las relaciones laborales.

Título II.- Instrumentos para la Promoción del Empleo Joven

Capítulo 1
Incentivos para la Contratación de Jóvenes
Artículo 4º.- Régimen Específico
Se establece un régimen específico de incentivo para las micro, pequeñas y medianas empresas que incorporen en puestos de trabajo efectivos a los/as jóvenes destinatarios/as de la presente ley.
Artículo 5º.- Incentivo
En el marco de dicho régimen, la autoridad de aplicación financia por el plazo de un (1) año, el sesenta por ciento (60%) del salario mínimo vital y móvil correspondiente a cada uno de los/as jóvenes que las empresas contraten por tiempo indeterminado.
Artículo 6º.- Requisitos
Pueden hacer uso del régimen específico de incentivo previsto, las micro, pequeñas y medianas empresas que no registren deudas impositivas y previsionales con el Estado nacional.
Es condición indispensable para acceder al mismo, no haber producido despidos sin causa de personal en los seis (6) meses anteriores a la utilización del incentivo, ni en los doce (12) meses posteriores.

Capítulo 2
Intermediación laboral

Artículo 7º.- Centros de Empleo Joven Estudiantil (CEJE).
Confórmase un Centro de Empleo Joven Estudiantil (CEJE) en cada establecimiento educativo de nivel secundario de gestión estatal, como

nexo entre los/as futuros/as egresados de estas escuelas y la demanda laboral.

Los CEJE desarrollan medidas dirigidas a elaborar un perfil ocupacional de los/as jóvenes que cursan el último año de estudios, vincularlos/as con instancias de capacitación profesional y contactarlos/as con empresas, organizaciones sociales u organismos públicos que pudieran demandar su fuerza de trabajo.

Artículo 8º.- Red Nacional de Servicios de Empleo

A través de la Red Nacional de Servicios de Empleo, se crean instancias de intermediación laboral específicamente diseñadas para fomentar el encuentro entre la oferta y la demanda de empleo, desde una perspectiva juvenil.

En tal sentido, se instrumentan mecanismos que facilitan el acceso de los/as jóvenes a la información sobre oportunidades de empleo, se brindan herramientas técnicas para la búsqueda de trabajo y se realizan talleres de orientación vocacional y laboral.

Capítulo 3
Seguro Universal de Formación Profesional Juvenil

Artículo 9º.- Creación

Créase el Seguro Universal de Formación Profesional Juvenil a favor de los/as destinatarios de la presente ley que participen de cursos de capacitación laboral.

Se otorga por el plazo máximo de un (1) año y su monto mensual es equivalente al veinte por ciento (20%) del salario mínimo vital y móvil.

Artículo 10º.- Cursos de Capacitación

La autoridad de aplicación dispone la realización de cursos de capacitación laboral destinados a brindar a los/as jóvenes beneficiarios/as del Seguro, destrezas y habilidades técnicas así como la posibilidad de poner en práctica los conocimientos adquiridos en un lugar de trabajo.

Dichos cursos serán diseñados de acuerdo con la definición de los perfiles ocupacionales y el establecimiento de los lineamientos pedagógicos, en coordinación con entidades capacitadoras y organizaciones del mundo del trabajo, teniendo en cuenta las necesidades de la población, los requerimientos del mercado laboral y la realidad de los distintos sectores productivos.

Artículo 11º.- Requisito

Para percibir el Seguro, los/as jóvenes deben cumplir con una asistencia mínima del setenta y cinco por ciento (75%) a los cursos de capacitación laboral en los que se inscriban.

Artículo 12º.- Otros beneficios

La percepción del Seguro Universal de Formación Profesional Juvenil no es incompatible con otros beneficios destinados a promover la incorporación de los/as jóvenes a instancias de terminalidad educativa ni con la Asignación Universal por Hijo.

Capítulo 4
Campaña contra el Trabajo no Registrado

Artículo 13º.- Campaña contra el Trabajo no Registrado

La autoridad de aplicación desarrolla en todo el territorio nacional, una amplia campaña de difusión y concientización social dirigida especialmente a los/as jóvenes, alertando sobre los efectos negativos que produce en la sociedad la existencia de trabajo no registrado y haciendo énfasis en la preservación de los derechos sociales consagrados en el artículo 14 bis de la Constitución Nacional.

Asimismo, atiende las denuncias efectuadas por particulares, organizaciones sindicales y empresariales, en relación a situaciones de trabajo no registrado que involucran a jóvenes.

Título III.- Marco Institucional

Capítulo 1
Autoridad de Aplicación
Artículo 14º.- Autoridad de Aplicación

El Ministerio de Trabajo, Empleo y Seguridad Social de la Nación es la autoridad de aplicación de la presente ley.

Artículo 15º.- Articulación con Provincias y Municipios

La autoridad de aplicación promueve la articulación y coordinación de acciones, con las provincias y/o municipios donde se ejecuten programas que persigan los mismos objetivos que la presente ley, evitando superposiciones.

Capítulo 2
Foro Nacional Permanente por el Empleo Joven

Artículo 16º.- Constitución e Integración
Constitúyase el Foro Nacional Permanente por el Empleo Joven destinado a abordar la realidad de la empleabilidad juvenil en el país.
La autoridad de aplicación invita a participar de dicho Foro a funcionarios de otras áreas gubernamentales involucradas, integrantes de ambas Cámaras del Congreso de la Nación y representantes de organizaciones sociales de carácter juvenil, organizaciones sindicales y cámaras empresariales.
Artículo 17º.- Funcionamiento y Objetivo
Dicho Foro se reúne, como mínimo, semestralmente y tiene por objetivo:
a) Evaluar el impacto de la implementación de la presente ley.
b) Formular diagnósticos y realizar estudios sobre el tema.
c) Promover consensos sobre nuevas líneas de acción tendientes a combatir la desocupación y subocupación juvenil
d) Actuar como instancia asesora de los poderes del Estado en lo que se refiere a la empleabilidad juvenil.

Título IV.- Financiamiento

Capítulo Único
Artículo 18º.- Recursos
Derógase los incisos h), k), n), w) del artículo 20 de la Ley N° 20.628 (Ley de Impuesto a las Ganancias).
Artículo 19º.- Fondo Nacional

Créase el Fondo Nacional para la Promoción del Empleo Joven que se integrará con los recursos que se recauden en virtud de la derogación dispuesta en el artículo anterior.

Dicho Fondo será administrado por el Ministerio de Trabajo, Empleo y Seguridad Social y se destinará exclusivamente, a través de la creación de programas específicos, al diseño, ejecución y evaluación de las políticas y acciones previstas en la presente ley.

Artículo 20º.- Transferencia

Los planes desarrollados por otras áreas gubernamentales que persigan la finalidad dispuesta en el artículo 3º, serán transferidos a la autoridad de aplicación y las partidas presupuestarias que los financian se integrarán al Fondo Nacional para la Promoción del Empleo Joven.

Artículo 21º.- Distribución equitativa

Los recursos del Fondo Nacional para la Promoción del Empleo Joven se destinarán en forma equitativa a las Provincias y la Ciudad Autónoma de Buenos Aires, de acuerdo a los índices de desempleo juvenil que registren y la cantidad de jóvenes desocupados/as que viva en cada jurisdicción.

Artículo 22º.- Comuníquese, etcétera.

b) Exposiciones formuladas en el marco del Panel: "El Debate Sobre el Desempleo Juvenil". Facultad de Ciencias Económicas- UBA. 11 de julio de 2013

Dip. Roy Cortina: Bueno, muy brevemente. Buenas tardes a todos y todas. Gracias por estar hoy todos aquí, a pesar de las inclemencias del tiempo que persisten. Bienvenidos a este panel, muy prestigioso, que ahora voy a presentar para abordar un tema muy delicado, un tema estratégico en la Argentina de hoy que es el desafío del desempleo juvenil.

El objetivo de este panel, en esta mesa de diálogo social y académico, es poder instalar en la agenda pública el flagelo del desempleo juvenil en la Argentina. Ustedes saben que –en el mundo– el desempleo juvenil avanza por la crisis de los países centrales, se hace sentir en la región, y se está haciendo sentir en nuestro país.

Nosotros queremos abordar este tema como una política de Estado, aun asumiendo que el momento en que lo estamos haciendo es riesgoso.

¿Por qué? Porque estamos en plena campaña electoral y justamente no queremos que esto se contamine o se tiña de alguna intencionalidad política partidaria; pero al mismo tiempo, dialécticamente, paradojalmente, es importante que justo en el momento en que la sociedad se pone en atención a escuchar las distintas propuestas, a escuchar los compromisos de los distintos partidos, de las alianzas, de las coaliciones, en fin, de los dirigentes y de los candidatos; es bueno que se debatan estos temas, –y sobre todo– si se los propone a estos temas como políticas de Estado. Vuelvo a insistir, descontaminado de esta elección y de la próxima elección; sino con la finalidad de configurar una política de Estado.

En segundo lugar, quería agradecer a los anfitriones, al Decano de la Facultad de Ciencias Económicas, Barbieri, que se ha disculpado y que por motivo de sus funciones no puede estar aquí, pero es reemplazado por el Vicedecano de la Facultad de Ciencias Económicas de la UBA, Luis Pérez Van Morlegan, que es contador público nacional, licenciado en administración y psicología, se ha especializado en el área de la estrategia de los recursos humanos, es docente de esta casa de estudios, ha publicado numerosos trabajos académicos, y ha dirigido proyectos de investigación y brindado diversas conferencias referidas a la cuestión de los recursos humanos.

Está también con nosotros Gonzalo Asís, que es un periodista especializado en la temática de juventud, estudió la Licenciatura en Comunicación en la UBA, es periodista en los noticieros de canal trece y la señal TN, y conduce una de las emisiones de radio Mitre. Está acreditado en el Congreso de la Nación donde fue premiado como mejor periodista televisivo consecutivamente en los últimos tres años, ha conducido el programa "La Política Joven" por el Canal Metro donde abordó en varias oportunidades la cuestión del desempleo juvenil.

Está también con nosotros Agustín Salvia, que es coordinador general e investigador en jefe del Programa "Observatorio de la Deuda Social Argentina" de la Universidad Católica Argentina; asimismo es investigador independiente del CONICET, también es profesor del Doctorado en la Facultad de Ciencias Sociales de la UBA y en la Universidad Nacional de San Martin y de Maestría en la Universidad de Bologna, es Licenciado en Sociología con una maestría en Ciencias Sociales y Políticas y un doctorado en Ciencias Sociales. Ha sido y es consultor de organismos nacionales e internacionales y es autor de numerosas publicaciones sobre desigualdad, vulnerabilidad, marginalidad, cambios estructurales y distribución del ingreso en la Argentina.

Está también con nosotros Fabián Repetto, que es el Director del Programa de Protección Social de CIPPEC. Es licenciado en Ciencia Política en la UBA con un doctorado en investigación en Ciencias Sociales y un Máster en Gobiernos y Asuntos Públicos en la Administración Pública; ha publicado más de cincuenta artículos en revistas y libros especializados, ha sido también consultor de organismos multilaterales.

Está también con nosotros Guillermo Pérez Sosto. Es el Coordinador General de la Cátedra UNESCO sobre las Manifestaciones Actuales de la Cuestión Social. Es Sociólogo de la UBA, Director del Centro de Estudios en políticas laborales y sociales del Instituto Torcuato Di Tella. Ha trabajado como consultor en políticas sociales para la OIT en la investigación sobre el trabajo decente para los jóvenes en la Argentina en el año 2007 y como experto en políticas sociales para el programa de las Naciones Unidas para el desarrollo. Trabajó como asesor y experto para distintos organismos internacionales como la Organización de Estados Americanos (O.E.A) y para Organizaciones Iberoamericanos.

Y está Jorge Casará que viene trabajando la cuestión del empleo joven en la Comisión Nacional de Justicia y Paz, que es un organismo de la Conferencia Episcopal Argentina, que busca promover políticas de Estado mediante el diálogo en la búsqueda de consensos que tengan como eje la inclusión social, tomando como base la doctrina social de la Iglesia.

Quiero decirles que más allá de las inclemencias del tiempo, tenemos otras inclemencias que son las vicisitudes que tienen todos los candidatos, producto que estamos en campaña electoral. Nos han llegado muchas adhesiones, ya están presentes candidatos y dirigentes de distintos partidos políticos que ya vamos a nombrar, están llegando otros, porque la idea era que podamos firmar un compromiso muy sencillo. Hay seis o siete proyectos vinculados al tema de Empleo Joven. La verdad que las veinticuatro legislaturas provinciales, incluyendo por supuesto a la de la Ciudad de Buenos Aires y el Senado de la Nación y la Cámara de Diputados han sido bastantes austeras −por no decir tacañas− en cuanto a la producción de normas vinculados con esta problemática, son pocos los proyectos y están contados con los dedos de las dos manos, en todo el país.

No buscamos con una actividad como esta buscar la adhesión al proyecto "A", "B", "C" o "D", no importa. Ojalá que se presenten muchos proyectos como este, lo que buscamos es un compromiso de los dirigentes políticos y fundamentalmente de los que son candidatos –y van a ser Senadores o Diputados Nacionales a partir de diciembre de este año– a que en la caja de resonancia de la vida política del país, que es el Congreso de la Nación, este tema se aborde, sea de discusión y se pueda consensuar, y que podamos abordar un tema que es problemático, no porque es el futuro de la Argentina sino porque es el presente de la Argentina.

Tengo una adhesión aquí que dice así: "Estimado Roy, agradezco tu invitación al encuentro académico para tratar un tema tan sensible para los jóvenes como es el empleo. Como vos sabrás estoy tratando de recuperarme de un fuerte estado gripal que me ha impedido incluso participar de actos de campaña, pero quiero expresar en esta nota mi firme compromiso –como te lo he expresado antes al firmar el proyecto– que será prioritario para nosotros el tratamiento de una iniciativa vinculada al empleo joven. Esperemos que la sociedad nos acompañe para conformar un nuevo Congreso donde se traten los temas que verdaderamente se necesitan para la sociedad, tenés mi palabra y luego firmando el compromiso. Un abrazo, Ricardo Alfonsín."

También: "De mi mayor consideración, le escribo en referencia a la invitación que impulsaba a participar del encuentro académico social sobre el desempleo juvenil y la posterior firma del compromiso legislativo. Debido a compromisos asumidos con anterioridad, me veo imposibilitada de asistir en dicha iniciativa que comparto y que valoro en gran manera. Sería un honor poder acompañar con mi firma el compromiso mencionado anteriormente. Asímismo estimo necesario que nuestro empresariado tome consciencia de la necesidad de invertir en la formación de sus empleados. Sólo con una juventud formada que desempeñe funciones que el mercado va necesitando y los motive, iremos logrando un futuro próspero. Sin otro particular y desde ya muy agradecida lo saluda muy atentamente, Cornelia Scmidt-Liermann. Diputada de la Nación por el PRO".

"De mi mayor consideración: por la presente quiero agradecerles la invitación para participar de la actividad que se está organizando en la Facultad de Ciencias Económicas de la UBA que tiene como eje un importante tema como es el desempleo en los jóvenes y la necesidad de incluirlos dentro de la agenda legislativa nacional. Por actividades contraídas con anterioridad en la Diócesis de Gualeguaychú, quería manifestarles que no podré ser parte de la misma y que por esta razón se presentará en representación mía el Señor Jorge Casará, quien es miembro de la Comisión Nacional de Justicia y Paz y está dedicado a esta temática. Sin otro particular, lo saludo muy cordialmente y esperamos poder seguir trabajando por un Bicentenario que nos encuentre trabajando por justicia y solidaridad. Monseñor Jorge Lozano".

Así que si a ustedes les parece esperaremos un ratito más a que vengan más dirigentes políticos y luego los nombraremos a todos y firmaremos el compromiso, pero damos inicio al panel. El primero que va a hacer uso de la palabra es el Vicedecano y un poco anfitrión, el Dr. Luis Pérez Van Morlegan.

Dr. Luis Pérez Van Morlegan: Efectivamente, muchas gracias a todos. Les quiero dar la bienvenida a esta casa. Los quiero ubicar para los que no la conocen, esta Facultad va a cumplir el 9 de octubre, 100 años. Hace cien años –no voy a decir que venimos– hace cien años que estamos enseñando. Anualmente entran a estudiar a esta casa entre cuatro, cinco mil y seis mil jóvenes. Y la primera reflexión que me ofrece el problema es que no hace mucho me citaron a una reunión para hablar de este tema y –con las estadísticas en las manos– hemos constatado que la población de entre 18 a 24 años es a la que más le cuesta conseguir trabajo, no solo en la Argentina sino en todo el mundo.

Obviamente que las razones son diferentes en cada escenario, obviamente que hay cuestiones macroeconómicas y microeconómicas que inciden, inclusive en cuestiones propias de cada conducción de organización, pero esto nos habla directamente de un problema que es central para nuestro país.

No estamos preparando para ingresar a una sociedad de manera positiva y contributiva a los jóvenes, que después se encuentran adentro del mercado laboral sin las competencias, sin las armas necesarias para desempeñarse correctamente. Y estoy absolutamente seguro –y lo digo desde un conocimiento de este rol– que las casas de estudio tienen una importante responsabilidad en el tema.

Está –para mí, por mi actividad profesional–, bastante claro que el desempleo, la tasa de desempleo, es un síntoma de las enfermedades en las urbanizaciones. O sea, una organización entre las muchas obligaciones que tiene, una de las primeras es la de generar puestos de trabajo. Obviamente, el puesto de trabajo vendrá como complemento de la rentabilidad, puestos de trabajo que sean genuinos, pero tienen que generar puestos de trabajo.

Si las empresas no generan puestos de trabajo, no hay políticas ni de Estado y sociales que puedan resolver esa ecuación. Los que llevamos muchos años trabajando, sabemos qué bien que se siente uno cuando consigue los trabajos y en la mayoría de los casos qué mal se siente uno cuando no lo consigue. Lo que sucede es que cuando uno es más grande, al no conseguirlo tiene otras herramientas que vienen con su experiencia, con su curriculum, lo que no pasa con los jóvenes.

Los jóvenes empiezan a atravesar ese período de los 18 a 24 años –es decir, el período que dura la educación universitaria– sin conseguir todas las herramientas necesarias como para afrontar con competitividad el mercado laboral.

No voy hacer muy extenso porque somos muchos los que tenemos que hablar, pero sí les quiero dejar un par de reflexiones al respecto desde este lugar. Yo no estoy tan seguro que los planes de estudio de las universidades –o de esta facultad en particular– realmente preparen eficientemente a los alumnos para desempeñarse adecuadamente en el mercado de trabajo. Hay muchas razones, una de ellas –muy vieja pero no por ello menos importante– es que si nosotros preparamos, en esta facultad por supuesto, jóvenes para desempeñarse en el mercado laboral, uno de los actores sociales a los que hay que consultarle qué perfiles necesitan, es a las empresas. Pero en las Universidades Públicas eso parece que está prohibido. Es decir, sentir que uno tiene que consultar con las organizaciones privadas acerca de qué tipo de graduados necesitamos, empieza a generar una discusión principista que no resuelve el problema de fondo, y es que nuestros alumnos consigan trabajo.

No quiero entrar en el viejo dilema que si acá se enseña teoría y en la realidad se aprende en la práctica, porque eso no es tan así. Todos sabemos que la facultad enseña la práctica, pero nunca va a alcanzar para conocer todo lo que sucede en la realidad del mercado. Tampoco creo que sean las únicas –las empresas– quienes puedan opinar acerca del perfil, creo que muchos profesionales y que muchos otros actores sociales lo deben hacer. Pero si nosotros queremos preparar a los alumnos para que faciliten su empleabilidad, para que se desempeñen habitualmente de una manera sencilla, que accedan al mercado laboral de una manera sencilla; entonces está bastante claro que los perfiles que tenemos que preparar tienen que ver con esa necesidad.

Mirando las cosas desde el lado opuesto –y hay algo que he dicho en varias oportunidades– si uno le presta atención solamente a las ideas empresarias, va a crear un montón de técnicos y ningún teórico, con lo cual la ciencia siempre va a quedar estancada en el mismo lugar. Pero acá de lo que yo hablo es de trabajo, yo hablo de oportunidades laborales, de lo que hablo es de acceso al mercado laboral público o privado; y es ahí donde nuestra responsabilidad es más grande. Tenemos que lograr generar, lograr educar a los jóvenes entre los 18 y 24 años, para que les sea más fácil, más accesible el mercado laboral y que eso no dependa de las cosas que ellos no puedan manejar. Porque si depende de la política de Estado, los jóvenes no lo pueden manejar, las políticas de Estado van a generar –espero que así sea en esta iniciativa– los instrumentos legales suficientes como para que ese acceso esté garantizado. Pero las Universidades tienen el deber de producir los mejores graduados para que ese acceso no solo esté garantizado, sino que sea eficientemente ocupado.

Creo también que hay una obligación de parte de los docentes, no creo en el docente que no tenga experiencia profesional, no creo que alguien pueda explicarle cómo se hace algo si él no lo hizo nunca. Esta es una facultad donde los docentes tienen que tener experiencia laboral y pueden explicar sus experiencias exitosas a los alumnos, sin que ello implique que deban igualarlos. Pero aquel docente que nunca trabajó en lo que enseña, es muy difícil que pueda facilitarle al alumno el acceso al mercado laboral.

Esta no es una postura crítica o catártica, esto es un diagnóstico de lo que estamos viendo, porque creo que nadie puede esquivarle a la responsabilidad que tiene la sociedad en que nuestros jóvenes a partir de los 18 años –o antes también– puedan conseguir el trabajo, el trabajo digno, que sea un trabajo verdaderamente formal, y cuando hablo de formal hablo de registrado.

Los jóvenes son las principales víctimas de la precarización laboral, y que haya cada vez menos contratados y menos personas en relación de dependencia; que haya cada vez más trabajadores en negro que en blanco, porque no conocen sus derechos laborales; pero sobre todo porque la necesidad de entrar al mercado laboral los hace ser menos exigentes o no fijarse en esas cuestiones. Es ahí donde los mayores los tenemos que ayudar, es ahí donde la facultad los tiene que ayudar, porque si no se los ayuda desde ese conocimiento, los estamos condenando a seguir estando en esta situación. Es una obligación de nuestra facultad y de nuestra universidad producir graduados que tengan en el campo de trabajo y en el campo de la ciencia el mayor éxito posible. Muchísimas gracias.

(Aplausos.)

Roy Cortina: Vamos a darle la palabra a Guillermo Pérez Sosto. Luego se prepara Gonzalo Asís.

Guillermo Pérez Sosto: Bueno, agradezco a Roy por la invitación. Este es un trabajo que resume unas cinco investigaciones más o menos sobre la temática. Yo no voy hablar solo del empleo sino también de las relaciones de los jóvenes respecto al trabajo, que hacen a la problemática total de los jóvenes, y a los procesos que están viviendo en la actualidad.

Sobre todo me voy a basar en dos informes, el informe de "Jóvenes y Trabajo Decente" realizado por la OIT en el año 2007, y el informe que hicimos para el libro *Futuros inciertos* que hemos publicado a fines del año pasado y que resume todos los trabajos que hicimos sobre jóvenes. Desde luego esto está actualizado en el libro al 2011 y ahora lo que les voy a presentar a diciembre de 2012.

Empezamos por las conclusiones, nosotros ya pusimos en el informe de la OIT que en la Argentina de la post crisis –con 8 años de altas tasas de crecimiento, dado que no contamos el año 2009 y el año 2012 y una reducción cierta de los niveles de pobreza y de desocupación– la problemática juvenil junto con la precariedad laboral ocupa el centro de la gravedad de la cuestión social. Esto sería –si alguien me preguntara– ¿Cuáles son los problemas después de la crisis que mayor peso tienen? Son la precariedad laboral y la cuestión juvenil, cosas que están sumamente asociadas, como vamos a demostrar.

Por otro lado, quiero aclarar sobre el término "la cuestión social". La cuestión social es una aporía, pregunta contradictoria que sólo ofrece respuestas contradictorias, donde una sociedad se interroga acerca del misterio de su cohesión –en el caso que lo tenga– o acerca de sus posibilidades de fracturas. De ahí que sea una pregunta, no acerca de las políticas sociales, sino una pregunta básicamente política, en la medida que una sociedad se pregunta por su ser a futuro.

Añadimos también como conclusión, en los informes relatados, que la temática de la vulnerabilidad, la precariedad y la desafiliación de los jóvenes interroga a nuestra sociedad desde el punto sociológico acerca de las formas de garantizar su cohesión, en la medida que los jóvenes –que son desafiliados por la sociedad y que no son integrados a través de la familia, la escuela y el mercado de trabajo– terminan reafiliándose en otras conductas, que por ejemplo pueden ser redes de narcotráfico, que de una manera le dan el trabajo y la protección que la sociedad no le brinda.

Y desde el punto de vista económico, nos interroga a propósito de la capacidad que tiene nuestra sociedad para reproducir sus fuerzas de trabajo. Con esto quiero decir que, si llegaran todas las inversiones que deseamos y volvieran todos los capitales repatriados que queremos que vuelvan, no nos alcanzaría el recurso humano joven –entre 18 y 25 años, capacitado– como para cubrir esas inversiones.

La problemática juvenil la podemos medir desde variables duras; que son el abandono escolar; que de cada diez chicos que entran en la escuela media se reciben cuatro, cuatro y pico con los nuevos programas –al final terminan un poco más– pero en principio se reciben cuatro de cada diez.

El trabajo precario, el trabajo no registrado de los jóvenes llega al 59,3%. Es decir, de cada diez jóvenes que trabajan, seis no están registrados. Con los otros trabajos informales –lo que la OIT entiende por trabajo informal– llegan a un 70%. Quiere decir que de cada diez, siete están fuera del sistema legal, fuera de la protección social. Respecto de la desocupación en los jóvenes, ahora estamos cerca del 18%, para el conurbano un poquito más, cerca del 20%.

Y el otro problema que tenemos respecto al trabajo es la inactividad absoluta. Desde cuando yo hice el informe de la OIT, ahora ha crecido de 753.000 a 963.000 el número total de inactivos absolutos. Es decir, de gente que no trabaja ni estudia ni busca trabajo, que son popularmente conocidos como "ni- ni".

Pero también tenemos que hablar de fenómenos cualitativos, que son los que más nosotros estudiamos, tales como son la desindustrialización y la des-socialización, principalmente dentro de lo que Touraine llama "desmodernización". Es decir, hay una disfunción dentro de las instituciones que tienen que socializar a los niños y a los jóvenes.

La familia ya no funciona en ese procedimiento, y hay niños que llegan a la escuela donde se debe realizar la segunda socialización –la familia debe abarcar la primera socialización– que llegan sin esta primera socialización a la escuela.

La escuela, que hoy ofrece también disfunciones, no puede trabajar por un lado un niño que no ha sido socializado en su primera etapa con otros que sí; y esto termina produciendo retrasos en la producción pedagógica.

Y otro problema es la socialización, que sería un problema de des-socialización; que sería lo contrario a la resocialización y ustedes saben que es un concepto muy caro del sociólogo. Es a través de este proceso que los niños y jóvenes van incorporando las pautas en que se divide en cohesión con el resto social, lo que comúnmente se llama integración.

Estos dos fenómenos pueden traer problemas de despolitización. Es entonces donde las sociedades dejan de pensar estratégicamente en la política y piensan en lo táctico. Es decir, la lucha por el dinero y la búsqueda de integridad; y como no saben quiénes son, entonces hay una difusión del error y buscan la identidad.

Estos fenómenos cualitativos también están dados por una fragmentación de los imaginarios sociales. Antes, nuestras sociedades de alguna manera cumplían –no digo que cumplían, pero por lo menos antes estaban guiadas por la promesa luminista–, en el sentido de que si uno trabajaba y se esforzaba y estudiaba y se capacitaba, el futuro material y espiritual de esa persona no iba a tener límites.

Los años treinta –gloriosos en Europa– y el primer peronismo en la Argentina parecían confirmar esta promesa. Pero evidentemente, la crisis del petróleo, el nacimiento de las monedas autorreferenciales, y el mundo financiero especulativo que se abrió a partir de mitad de los '70, y que tuvo su plenitud en los '90, le confirmó al común de la gente que esa promesa no era tan válida. Se habla de la "muerte del mito del futuro", esto trae atonía, crisis de participación, y sobre todo un descreimiento de la organización respecto de la posibilidad de salir de las duras cuestiones en las que se encuentran los jóvenes y la gente en general.

También los jóvenes descreen de una eficacia de la acción colectiva. O sea, no creen que uniéndose, organizándose, participando de los partidos políticos, de los sindicatos, y de otros tipos de organizaciones, puedan salir de su situación. Hay un serio descreimiento en la gran mayoría de los jóvenes. Podemos hablar de un 85% de los jóvenes que no creen en la política, ni en los sindicatos, ni creen en la Iglesia. Todo esto viene a conformar un abandono a priori de la ciudadanía por parte de los jóvenes. Una cosa es que vayan y voten, y otra cosa es que ejerzan su ciudadanía. Después vamos a ver, si tenemos tiempo, cuando veamos la precariedad, vamos a ver cómo la precariedad va rompiendo el vínculo social.

Hemos trabajado para todos nuestros trabajos con las categorías de las denominadas zonas de cohesión que elaboró Robert Castel, principalmente su libro más importante del último tiempo que fue *La metamorfosis de la cuestión social, una crisis del asalariado*. Él dice ahí que existe una fuerte correlación con el lugar que se ocupa en la división social del trabajo, la participación en las redes de sociabilidad –es decir, nuestros amigos, nuestras elecciones– y los sistemas de protección que cubren a un individuo ante los riegos de la existencia, es decir los sistemas de seguridad social, salud social, etcétera.

En base a estos tres criterios se puede hablar de una zona de integración donde se da la asociación de trabajo estable y una inserción sólida como característica de esta zona.

Por el contrario, hay otra zona que es de desafiliación, donde hay una ausencia de participación en alguna actividad productiva, y por el otro lado hay un aislamiento relacional que conjuga efectos negativos para producir este concepto de la desafiliación.

Y en el medio, hay una zona intermedia e inestable que conjuga la precariedad del trabajo y la fragilidad de los soportes de proximidad de la persona. Y hay una gran mayoría de los argentinos que se encuentran en esta situación, más allá de que vulnerables somos todos, pero particularmente los jóvenes y adolescentes, donde ya son vulnerables por el propio efecto de su desarrollo psíquico, también son vulnerables desde el punto de vista de la sociedad.

Tomando estos conceptos, podemos dar algunas cifras, esto es del cuarto trimestre del 2012, de la Encuesta Permanente de Hogares, datos oficiales: 283 mil jóvenes entre 15 y 24 años están desocupados, 34 mil que están desocupados pero tienen carga familiar aparte, que habría que sumarlos a los primeros.

Tenemos un millón dieciséis mil jóvenes –todos estos abandonaron sus estudios medios– que trabajan pero en trabajos precarios. O sea, hay un millón y medio que trabaja, pero de ese millón y medio, un millón dieciséis mil está afectado por situaciones de no registro o de informalidad en su trabajo.

Y por último, tenemos a jóvenes que no trabajan y no buscan trabajo, ni estudian. O sea, inactivos absolutos para otros "desafiliados", que en este momento son novecientos sesenta y cuatro mil jóvenes.

Esto hace un total de jóvenes particularmente vulnerables con respecto al trabajo y con respecto al no trabajo, de 2.297.000 jóvenes sobre 6.519.000 que es el total de urbanos de jóvenes. Esto hace que un 35% de los jóvenes están como "fuera del planeta".

También hay otros jóvenes desocupados o con el empleo precario: hay 113.000 desocupados pero que estudian, estos serian de baja vulnerabilidad. Y 395 mil que siguen estudiando y tienen un trabajo precario. Pero ese trabajo precario ellos lo consideran "trabajo en espera", por lo tanto su vulnerabilidad es baja. Sin embargo, a mí la OIT me hace colocarlo entre los vulnerables, son 7% más. O sea, que tenemos un 42% del total de los jóvenes de Argentina en situación de vulnerabilidad.

Si vamos al conurbano, la primera cifra de alta y media vulnerabilidad es del 39,6%; y la segunda cifra es del 9,3%, por lo tanto en el conurbano tenemos el 48%, casi el 49%, casi la mitad de jóvenes en situación de vulnerabilidad.

¿Cómo llegamos a esta situación? Hemos detectado unos precondicionantes, unos precipitantes, y unos determinantes de la situación de estos jóvenes. Los precondicionantes son la combinación de factores que están conjugando la precariedad del trabajo y la fragilidad de los soportes de proximidad de la familia de origen de estos jóvenes. Estos jóvenes no proceden de la nada, puede haber algún chico que sea un "ni-inexistencial", que dejó de estudiar pero que tiene quince mil dólares de instrumentos electrónicos en su pieza; y a ese no lo vamos a considerar. Pero el grueso de estos jóvenes proceden de hogares donde existe la precariedad laboral o la desocupación.

Estos constituyen los principales precondicionantes de los procesos de vulnerabilidad: el principal es la familia. Precipitantes: los factores que desencadenan en este abandono escolar –que generalmente se da en los 14 o 15 años– se constituye en el precipitante, el día que abandonan la escuela –que es un largo proceso por otro lado, porque hay repitencia y sobre edad– finalmente terminan abandonando la escuela. Esos problemas que desencadenan son familiares, referidos a la composición familiar. Es decir, si el padre abandona el hogar o asume la jefatura la madre, esa jefatura femenina tiene que salir a trabajar, la hermana mayor se tiene que quedar con los hermanitos menores, generalmente estas familias son numerosas y algún hijo mayor también tiene que complementar el salario porque la mujer desde luego gana menos de lo que puede ganar un hombre.

Puede ser que sea una familia más o menos estable o constituida, pero el jefe de hogar tiene una situación tan precaria que vuelve a darse ese proceso, la madre sale a trabajar, algún hijo también sale a trabajar, la hermana mayor se queda con los chicos y ya hay abandono escolar.

Después hay otros precipitantes personales asociados con embarazos y adicciones. El tema del embarazo adolescente es muy importante, porque el 70% de los jóvenes a los que llamamos "nini" –que son inactivos absolutos– lo constituyen mujeres. O sea, que la cuestión de la inactividad absoluta o de las desafiliaciones son cuestiones de mujeres que quedaron generalmente embarazadas en su adolescencia, o sea cuando estaban todavía en la escuela.

El determinante, por último, y esto es lo más importante para terminar. El determinante central de todos estos procesos lo constituye la precariedad laboral. Decimos, la fragilización multiforme del trabajo asalariado, la precariedad y otras cuestiones, son 7 u 8 consideraciones que hay que hacer –que no las voy hacer ahora– son las que modifican a nuestra sociedad en profundidad, así hacen un centro –irónicamente en su margen– donde hay que considerar a la cuestión social. Nosotros decíamos, cuando hay esas promesas que parecían cumplidas en la onda de Mayo del '75, la Argentina tenía el 3,5% de desocupación, 4% de pobreza y 17% de trabajo precario. Volver a esas cifras es casi una utopía, nuestro pasado puede ser una brillante utopía.

Dice Castel: "Precariedad laboral, el problema más grave, no es el de la desocupación, no lo digo para quitar dramatismo a la situación de millones de desocupados, sino para invitar a mirar por encima del desempleo, la degradación de la condición de trabajo". Ahí es el punto más importante. Los chicos se ven más afectados por la precariedad de ellos y de su familia, que por el desempleo, si bien el desempleo es consecuencia de que no tienen una formación adecuada.

Terminamos concluyendo que los jóvenes, impulsados por los factores precipitantes antes enunciados, se insertan tempranamente en un mercado laboral que tiene una tasa del 34,1% de empleo no registrado para la media del país, que para esa franja etérea de 18 a 24 años alcanza el 59,3% de empleo no registrado; entonces están condenados a un desarrollo individual de condiciones muy difíciles, por sobre todo para un joven, como decía el Vicedecano, para el que no tiene experiencia, que está sobreexpuesto y sometido a la precariedad perpetua porque de ese círculo no sale. O sea, son los mismos que un tiempo tienen un trabajo precario, los echan de ese trabajo, buscan nuevamente y son desocupados. Después, el desocupado se cansa de buscar y va a la inactividad absoluta. Y después tiene que volver al ciclo. Algunos se quedan definitivamente en la inactividad absoluta –los marginados–, y los otros siguen en el otro círculo.

Pero la constitución de estas personas es la misma, provienen de los mismos sectores. Precariedad perpetua y amenazados de invalidez social. Quiere decir que todo este grupo de personas que en algún momento, para alguna otra parte de la sociedad, pueden ser declarados definitivamente como fuera y pasibles de alguna limosna que se les dé; pero no hay desarrollo humano posible si no hay trabajo, que es el gran organizador de la sociedad.

Como conclusión –no voy a dar las propuestas, porque las dejo para una discusión posterior–: la coincidencia de una sociedad inequitativa; un sistema educativo deficiente, al menos en su capacidad de retención de los jóvenes procedentes de otros sectores; políticas sociales iatrogénicas; y un mercado de trabajo precario; terminan conjugando la reproducción ampliada de la pobreza con la falta de oportunidades como aspectos persistentes en el tiempo, que tienen por resultado la instalación de este tipo de precariedad. Pero hay algo peor que la precariedad, es que la gente se instale en la precariedad, y hay algo peor todavía, y es que el Estado institucionalice la precariedad a través de dispositivos con los consiguientes procesos de des-socialización y anomia.

En el libro terminamos diciendo que el desasosiego, la falta de futuro, solo pueden convocar a las lógicas de la envidia y el resentimiento, y eso es lo que sucede, sobre todo en el conurbano. Quizás en el interior haya más resignación, pero aquí en el conurbano hay resentimiento, esto es muy peligroso, lo digo para el período que va desde las elecciones hasta el 10 de diciembre. Nada más.

(Aplausos.)

Roy Cortina: Muy bien, ahora le vamos a dar la palabra a Gonzalo Asís y luego vamos a proceder a firmar –con los políticos que están acá presentes y algunos que están en camino– el compromiso al que se hacía referencia en un principio de la exposición.

Gonzalo Asís: Primero, más que nada, muchas gracias Roy por esta invitación. Quiero intentar dar una mirada periodística sobre este asunto

–que si bien tengo 35 años– igual me siento joven como para solidarizarme con los 3 millones de chicos y chicas que son parte de la población económicamente activa de la juventud en la República Argentina en el día de hoy.

Así que con relación al tema de que ustedes van a firmar un compromiso para que –en caso de convertirse en diputados y senadores– tengan a su vez un futuro compromiso para firmar un proyecto de ley que se convierta finalmente en una sanción para que los jóvenes argentinos tengan la posibilidad de trabajar, humildemente voy hacer tres aportes que tienen que ver un poco con la preocupación que comparto desde hace muchos años con un grupo de colegas periodistas, politólogos, con los que habitualmente trabajo en el ámbito del Congreso de la Nación y en el ámbito privado, en el cual hacemos unos encuentros para fomentar los lazos entre los jóvenes profesionales y dirigentes de la política y de la empresa que expresa la República Argentina.

Lo primero que me parece que habría que tener en cuenta es que la República Argentina no tiene una ley propia de empleo joven, no es que tengamos que reformar una que ya existe o que tenemos que proponer algo, sino que tenemos que empezar mínimamente de cero.

Hoy en la República Argentina hay unos 3 millones 200 mil jóvenes que son parte de la población económicamente activa. Es cierto que para la estadística pública, el joven que forma parte de este segmento es aquel que tiene entre 15 y 29 años; y por eso me parecía piola correr un poco el foco y analizar y pensar entre los que tienen entre 20 o 29, ¿no? Porque uno decía que el chico que tenía 15 años no piensa en salir a trabajar en la República Argentina. Y aquel que de repente está intentando descubrir su vocación o su profesión tenga un poco de "changüí" y no tenga la necesidad imperiosa de terminar la secundaria y en el mes siguiente ser parte del mercado de trabajo, al menos por presión.

Entonces pensemos en el segmento de 20 a 29, hoy son 2.800.000 jóvenes, vamos a redondear en 3.000.000 de jóvenes para hacer más fácil el tema de la cifra. Recién mi predecesor me dio un panorama muy interesante en cuanto a la cifra, pero creo que una propuesta de ley de empleo joven debe contemplar tres áreas. Si hay algo que me dejó el paso por esta maravillosa Universidad de Buenos Aires –yo estudie acá a la vuelta, en la Facultad de Sociales– es que desde el año '70 en adelante no existen planificaciones, ni política de planificación, sin una palabrita mágica que es el diagnóstico. Es decir, que un proyecto de ley que no va a hacer un diagnóstico, como el que vimos recién con algunos datos más que voy a compartir con ustedes, sería nulo, sería pensar en una realidad que no existe.

Primero pensaba en el tema de fondo, que es saber cuántos chicos trabajan en la Argentina, cuántos hay desempleados, cuántos trabajan en blanco, cuántos están en negro. Pensando en el trabajo en negro no sólo como una cifra, sino como chicos que no están teniendo una obra social, que no se pueden operar de repente, si no que dependen del sistema de salud pública con todo con lo que eso significa.

Cuántos chicos no están forjando su jubilación y van a tener seguramente jubilaciones precarias porque no van a cumplir con los años de aportes que significa para una argentina y un argentino tener una jubilación digna, sabiendo que para la infinita cantidad de estudios serios –excluyo de esto al INDEC– la línea de pobreza está muy por encima de los 3.000 pesos que es el salario promedio de un joven en la República Argentina hoy. En fin, la tasa de desempleo en la República Argentina es cierto que es mucho más alentadora hoy que hace diez años. Hace 10 años, en la Argentina, el 50% de los jóvenes no tenían laburo.

Hoy, algunos estudios desde lo público en Argentina nos dicen que el 13% de los jóvenes argentinos no tienen trabajo, otros muy respetables como el que mencionaba recién mi antecesor habla de un 18% de desempleo joven. Trece o dieciocho por ciento son dos cifras, eso es la realidad que me parece grave y me pregunto: ¿Es sano para los argentinos que sigamos comparando las cosas que nos pasan hoy con el año 2001 y 2002 cuando implosionó social y económicamente nuestro país, cuando fue un desastre total? Me parece que no podemos seguir comparando y pensar que "como hace diez años había 50% de chicos sin laburo, que hoy haya 13% o 18% la situación está bien".

Si nos metemos un poco más adentro de los datos –aclaro que son los datos públicos– y dejo a ustedes la conclusión y lo que quieran pensar respecto de esto, porque es cierto que tenemos un INDEC intervenido desde el mes de enero del 2007; pero aun así con los datos públicos me parece que la situación es preocupante. Veamos esto: del total de la población joven capacitada para trabajar y con habilidad para trabajar, el 87% de los jóvenes son chicos que trabajan empleados por alguien, el 10% son cuentapropistas, entre un 2% y 3% son chicos que trabajan en emprendimientos familiares o en el mejor de los casos son dirigentes, yo me refiero a que son parte de la patronal, son muy poquitos pero bueno, están ahí también.

Según el dato público, en la Argentina, el 43% de los jóvenes hoy tiene un trabajo precario. El dato público de quien habló antes mostraba datos aun más graves. Pero si nos quedamos con el 43% que nos muestra la Encuesta Permanentemente de Hogares del INDEC, ya tenemos que hablar de un dato que es grave.

Me parece muy interesante tomar un concepto que utiliza la UCA –a través del Observatorio de la Deuda Social– que es el concepto de "subempleo inestable", que es una constante en el trabajador joven hoy de la República Argentina. Lo leo textual porque me parece la manera más respetable de dar el crédito; cuando la UCA habla de subempleo, habla de quien "realiza changas, trabajos temporarios o no remunerados; o bien siendo beneficiarios de un programa de empleo contra prestación".

Hoy, el 43% de los jóvenes que están precarizados en el mercado de trabajo y el 11% está subempleados inestablemente, lo cual es aun peor. Me parece que un dato fundamental para tener en cuenta en una futura ley de empleo joven es que sepamos cuánto gana en promedio un joven en la Argentina. El salario medio de un joven en la Argentina es $2.923,72.

Ahora bien, ¿todos los jóvenes ganan eso? El 50% de los jóvenes en la República Argentina ganan entre $30 y $3.000 pesos por mes. El 75% de los jóvenes en la República Argentina gana menos de $4.000 por mes. Y si nos ponemos a pensar en la franja de jóvenes –insisto, para la estadística pública joven en el mercado es el que tiene entre 15 y 29 años– vamos a sacar de este pedacito de análisis los chicos que tienen entre 15 y 25 años. Pensemos que un pibe que tiene entre 25 y 29 años ya está pensando en mudarse, esta pagándose la facultad, porque no tuvo la suerte de que esta prestigiosa universidad tenga esa carrera que estaba buscando, o de repente está de novio y piensa en irse a vivir con su novia y forjar una familia.

La franja de chicos que tienen entre 25 y 29 años en la República Argentina gana en promedio $ 3.395,00, una miseria. La conclusión de este primer punto que me parece más importante para tener en cuenta en la creación de una ley de empleo joven, es que la desocupación juvenil sigue siendo alta, 2 dígitos. El trabajo precario sigue siendo alto, casi la mitad de los jóvenes esta precarizado, y por último, el salario promedio es muy bajo.

Entonces acá me interesaría meterme en la segunda parte del análisis para pensar una ley de empleo joven, que es lo que yo llamé humildemente el tema "de la realización". Acá interviene un tema más subjetivo, más profundo, más de adentro de una familia, de lo que le pasa a un joven o una joven argentina cuando está trabajando, cuando no tiene laburo. Implica preguntarse: De los jóvenes que trabajan en la República Argentina, ¿cuántos están contentos por ese trabajo que tienen? ¿Cuántos trabajan de eso que le gusta? En el mejor de los casos ¿cuántos trabajan –tal como decía el vicedecano– de aquello que estudiaron? Yo vengo de una profesión donde hay muchos periodistas desocupados o que trabajan de otra cosa. Tengo compañeros que hicieron tesis brillantes en la Facultad de Sociales de la Universidad de Buenos Aires y hoy trabajan de otra cosa, de empleados administrativos. ¿Cuántos se sienten reconocidos a nivel salarial y en lo humano en el trabajo que tienen? ¿Cuántos sienten que pueden progresar en ese trabajo que tienen? Y por último, ¿cuántos desean cambiar de trabajo?

Acá también quiero rescatar un concepto muy valioso que encontré en los informes del Observatorio de la Deuda Social de la UCA, que es el tema este del deseo de cambiar de trabajo. Una última pregunta que es clave para entender un aspecto que es muy difícil de medir: ¿cómo se mide que un chico esté conforme o contento? Nos es tan fácil de medir como si está empleado o no está empleado. Ahora bien, pensar este punto, quién desea cambiar de trabajo y quién siente que puede cambiar de trabajo, es la única manera o la manera más fiable de poder acceder a esta variable que significa el nivel de satisfacción con el trabajo que uno tiene.

La estadística pública dice que hoy que el 25% de los argentinos –jóvenes o no jóvenes– quieren cambiar de trabajo, no está conforme con el trabajo que tienen. Ahora, si segmentamos a la población joven, el 33% de los jóvenes no está contento con el trabajo que tiene: uno de cada tres chicos quiere cambiar de trabajo, es así de fácil.

Hay un trabajo de la respetable –a mi juicio– consultora Isonomía; a mi juicio, de las más certeras a la hora de medir la opinión pública de lo que le pasa a la gente. Un trabajo de Isonomía del mes de mayo del 2013 dice que el 34% de los jóvenes tienen confianza de que pueden conservar su actual empleo o conseguir trabajo si lo quisiesen. Es decir, un tercio de los jóvenes está tranquilo con eso. Ahora, un 34% de los jóvenes, otro 34% tiene muy poca confianza que eso pase. Y lo peor de todo, un 25%, un cuarto de los jóvenes hoy no tienen absolutamente nada de confianza a la hora de pensar en su actual empleo y a la hora de repensar si pueden conseguir un empleo mejor: un cuarto de la población de los jóvenes.

Nos metemos más en la encuesta de Isonomía para pensar un poquito en aquel joven que estudió. El 24% de los jóvenes, que tiene estudios universitarios completos, no tiene confianza en tener el empleo estable de acá a un tiempo, en conservar el empleo, ni aun tampoco en conseguir un trabajo nuevo. Y el 21% de los jóvenes con estudios universitarios tiene apenas un poquito de confianza. Es decir, que un 45% de los jóvenes no está tranquilo en materia laboral; y me refiero a los jóvenes que tienen un estudio universitario.

Y ahí aparece para mí el tercer punto clave, que inexorablemente se necesita un proyecto de ley de trabajo joven, que es algo que a mí me viene girando en la cabeza desde hace ya mucho tiempo y que lo comparto con algunos periodistas amigos, o con algunos politólogos amigos, y que apunta esencialmente al tema de las redes de contención.

Es una consecuencia que exista el tema de redes de contención en el orden del mercado laboral, porque generalmente las redes de contención tienen que ver con los chicos que están trabajando. Cuando un pibe no tiene trabajo más que pensar en una red de contención tiene que importarle que consiga trabajo; después vemos cómo aparece el tema de la satisfacción y la realización.

Una ley de empleo joven debe tener sí o sí el impulso y la iniciativa de fomentar la creación de redes de contención. Ahora, ¿qué son las redes de contención? Las redes de contención son los pequeños espacios por fuera de los partidos políticos, por fuera de las universidades, por fuera de las organizaciones como por ejemplo la UIA. Digo la UIA porque está experimentando y me parece muy rescatable hoy en día el tema de la UIA JOVEN donde participan jóvenes empresarios, industriales que son parte de esas grandes empresas y de esas grandes industrias que conforman la UIA, y que se está juntando desde hace un tiempo para poder generar políticas vinculadas a la juventud y la participación de los jóvenes en este ámbito.

A mí me pasó, en lo personal, algo que me despertó una inquietud. Hace tres años estábamos cenando con tres amigos consultores en un hotel de la Ciudad de Buenos Aires, y uno dijo en el medio de la cena: "y pensar que detrás de esos pasillos de este hotel, atrás de esos salones privados, vos abrís y de repente te aparecen empresarios grandes, políticos grandes, dirigentes de mucha trayectoria. Por qué los jóvenes no tenemos un espacio así, para encontrarnos los trabajadores, los jóvenes políticos, los dirigentes empresariales; todos jóvenes, por qué no tenemos un espacio". Y decidimos hace dos años generar un espacio, muy chiquito a nivel privado –con mucha discreción también– donde nos encontramos todos los meses a comer jóvenes diputados, jóvenes intendentes, jóvenes banqueros, jóvenes empleados comunes y corrientes, jóvenes industriales.

Cuando venía para acá, cuando me preparaba a compartir esto con ustedes, me preguntaba por qué una ley de empleo joven no debería impulsar este tipo de iniciativas: redes de contención. Porque una red de contención es para encontrar ayuda en un momento, por ejemplo, de carencia laboral; en un momento de querer mejorar tu trabajo. Una red de contención le permite a un joven tener contacto con otros jóvenes que tienen algo que ofrecerles. Cuántas veces los que hacemos periodismo necesitamos del apoyo de un político que nos ofrezca un dato ejecutivo o parlamentario; o un político necesita el dato de un biólogo para forjar una ley relacionada con la biología, o de un economista, o de un industrial; ahí es donde tienen un rol fundamental las redes de contención.

Una ley de empleo joven tiene que inexorablemente fomentar la red de contención y que no sea solamente un partido político que lógicamente fomenta esto a través de la militancia o la universidad, que –como bien decía el Vicedecano– además de forjar grandes teóricos, también necesitamos de grandes profesionales. También debe existir en el ámbito privado, y de las ONG's, la existencia de redes de contención. ¿Por qué? Yo creo que un joven que trabaja a gusto, un joven que vive de lo que le gusta, un joven que a través de su trabajo tiene proyectos corre detrás de una zanahoria, detrás de un ideal, es una potencia. Creo que no existe nada más fuerte que un joven que trabaja a gusto y que corre detrás de un ideal.

Cuando yo entré a la Universidad de Buenos Aires –a la que felizmente llegué por voluntad de mis padres– mi abuelo me regaló un libro cuyo primer párrafo, que es muy cortito, dice esto: "…Cuando pones la proa visionaria hacia una estrella y tiendes el ala hacia tal excelsitud inasible, afanoso de perfección y rebelde a la mediocridad, llevas en ti el resorte misterioso de un Ideal. Esa ascua sagrada, capaz de templarte para grandes acciones, custódiala; si la dejas apagar no se reenciende jamás. Y si ella muere en ti, quedas inerte: fría bazofia humana. Sólo vives por esa partícula de ensueño que te sobrepone a lo real. Ella es el lis de tu blasón, el penacho de tu temperamento". Esto lo escribió el maestro José Ingenieros, para una de sus mejores obras que tiene la filosofía argentina que es *El hombre mediocre*.

Para generar esto, para que pase esto que escribe Ingenieros, entre otras cosas, es fundamental que ustedes que o ya son legisladores o lo van a ser, sancionen en la República Argentina una ley de empleo joven. Gracias. (Aplausos.)

Roy Cortina: Le vamos a dar la palabra ahora a Fabián Repetto del CIPPEC.

Fabián Repetto: Bien, muchísimas gracias por la invitación. Primero que todo no voy abundar en datos –que en todo caso con matiz más o matiz menos complementaría todo lo que se viene diciendo de la dimensión cuantitativa, no solamente de precariedad laboral de los jóvenes sino de otras dimensiones del bienestar o, en este caso, malestar de cierto sector de la juventud–. Sino que quiero llamar la atención, en pensar no solo en empleo joven y quiero hacer referencia a esta invocación a la ley de empleo joven en un ratito.

Recuperando la idea de que las dimensiones del bienestar, no solamente de la franja etaria de jóvenes, sino de todo el conjunto de la población, tiene que ver con otras dimensiones igualmente importantes. Definitivamente, el mundo de la educación nos interpela y me parece que hay que prestar atención fuertemente a la preocupación de los jóvenes respecto de qué está pasando o qué va a pasar en el campo educativo. Educación formal pero también educación para el trabajo, y todo lo que tiene que ver con salud, hay claramente un tema bien crítico en nuestro sistema de salud –no solamente con el tema de precariedad laboral y su impacto en no tener obras sociales– sino con lo que es el sistema público de salud.

En materia propiamente de empleo, desempleo, precariedad y vulnerabilidad, tenemos tres dimensiones ahí críticas y que de alguna manera ya fueron emergiendo, pero también cabe no olvidarnos de otras dimensiones de malestar o bienestar de los jóvenes con lo que tiene que ver con la vivienda, por ejemplo, o con la cuestión de la calidad del empleo.

También es cierto, y esto es casi de sentido común, que este conjunto de eventuales problemas viejos –vulnerabilidad y derechos vulnerados– no afectan por igual al conjunto de la población joven. Definitivamente es de sentido común, los juventólogos lo saben mejor que yo, hablar de múltiples juventudes y la Argentina no escapa de ese parámetro internacional de múltiples juventudes. Y me parece que ahí tenemos un reto bien importante de que cualquier diseño legislativo –entre otros instrumentos de política pública– tiene que ponerle el tono estratégico a algo que se decía hace un momento: el tema del diagnóstico. De qué juventudes estamos hablando y cómo pensar en todo caso esas sutilezas, que no son académicas sino que son de diseño de políticas públicas. Y la ley, que es una política pública, debería claramente considerar.

Cuando uno mira en el campo particular del empleo juvenil y sus correlatos a una mirada más amplia de políticas de juventud –que es donde quiero enfatizar la cuestión–, tenemos algunos elementos que son bien importantes y que cabe, me parece, remarcarlos.

Primero que todo, una institucionalidad débil. El tema de jóvenes —creo que a nadie escapa— cumple con la característica más o menos tradicional de todo tema transversal, ya sea tema género, tema medio ambiente, donde todos los actores del Estado —en particular del Poder Ejecutivo— son responsables pero nadie es responsable *per se*; porque definitivamente la solución de manual que es crear direcciones, secretarías o incluso ministerios de juventud o de medio ambiente o de género, no logra resolver precisamente un tema critico al cual quiero volver en un minuto.

Tenemos en el campo de jóvenes y de juventud políticas públicas descoordinadas, "programitis" aguda, "programitis" que fue muy fuerte en los años '90 y que no hemos logrado superar del todo, aunque hubo un avance en la materia. Tenemos —me parece a mí también— para complementar lo anterior, una falta de abordajes que es de carácter más integral. La palabra "integralidad" se dice fácil y se construye difícil; y ahí me parece que hay un tema bien crítico. Insisto no solamente en pensar qué sectores están involucrados sino cómo articular este tipo de cuestiones.

No es un solo tema que en un proyecto legislativo pueda referirse a lo que tiene o no tiene que hacer el Ministerio de Trabajo, si no que implica un trabajo mucho más complejo de las distintas aéreas del gobierno de un Estado nacional; pero también, por supuesto, de los distintos niveles de gobierno. La dimensión federal de la Argentina y el rol en todo caso de los municipios en aterrizar a nivel local y específico la problemática de la juventud; no solamente de empleo joven me parece que es bien crítico.

Y creo, en líneas generales, que no tenemos en la Argentina —más allá de que lo declaremos muchas veces— una política pública, una política de protección social fuertemente arraigada en lo que la literatura moderna y en la práctica moderna suele llamarse "lógica del ciclo de vida": cómo atendemos riesgos, vulnerabilidades del ciclo de vida de la población, donde la juventud en particular es claramente un momento vital, sobre todo en esa transición con la adolescencia, donde me parece que sabemos mucho menos incluso de la problemática de la adolescencia, más allá de enunciar las típicas cuestiones de embarazo adolescente o adicciones, que me parece que vale la pena recorrer y discutir porque no hay política pública buena, si también uno no tiene buenas políticas en desarrollo temprano de infancia y adolescencia, entonces claramente la cuestión es más compleja.

En ese sentido, creo que lo que hay cuando uno destila, no solo de la Argentina de la última década, sino por lo menos del retorno de la democracia en adelante, no hemos logrado construir lo que podríamos denominar una política pública de juventud que sí queremos; y Roy lo dice en los términos de poder hablar de política de Estado. La discusión que vale la pena hacer, pero que tiene sus matices, es qué significa en serio políticas de Estado. Primero, en referencia en ese sentido, no tengo un punto de debate pero sí de complementariedad a lo que decía mi antecesor, y es —creo yo— que los legisladores aquí presentes —y muchos más ojalá se sumen a esta iniciativa— van hacer un esfuerzo en construir un marco legislativo de empleo joven, creo que vale la pena pensar un poco más en cómo invertir ese capital político. Me parece que invertir el capital político en empleo joven y no en una ley de juventud que tiene un sentido mucho más amplio, mucho más complejo, mucho más articulado, me parece que puede gastarse casi el mismo capital político para resultados parciales. Ahí me parece que siempre es mucho más complicado, porque indefectiblemente aparecen muchos más intereses en juego, muchas más complejidades, y por supuesto, muchos más recursos de políticas fiscales para poder sostener esto.

Todos sabemos que tener buenas políticas públicas requiere no solamente del compromiso político sino de compromisos fiscales; no hay acuerdo social, no hay contrato social, ni político, si no hay un contrato fiscal. Y creo que lo que hay que darse es un cambio más estructural, respecto de cómo repensamos en conjunto el sistema tributario en la Argentina.

Esto tiene por supuesto varios vasos comunicantes, pero claramente hay un vaso comunicante nodal, que ya fue enunciado, que es el vínculo entre escuela y mundo de trabajo, entre educación y mundo del trabajo. La relación entre la escuela y el mundo de trabajo es donde me parece que la OIT y otras organizaciones vienen realizando planteos definitivamente; que tienen que ver con saberes de experiencia, de lecciones aprendidas, de buenas prácticas o como lo quieran denominar. Pero me parece que ahí hay mucho camino que recorrer.

Argentina ha tenido –en sintonía con las tendencias internacionales– un menú más o menos clásico respecto de cómo avanzar en materia de retención escolar, en materia de capacitación e información para el trabajo, emprendimientos sociales, un menú clásico de hacer, aceitar esa transición entre educación y mundo del trabajo, un ida y vuelta que no es puramente cronológico, salimos del campo educativo y no es que no volvemos más al mundo de la formación, lo decía antes muy bien el vicedecano en ese sentido, y creo que tenemos un camino por hacer. Y el campo del federalismo argentino le agrega una enorme complejidad a la educación que –como ya sabemos– las pautas regulatorias o el financiamiento que puede hacer el Estado nacional, depende mucho justamente del nivel provincial, y ahí tenemos veinticuatro mundos muy diferentes, veinticuatro argentinas muy diferentes en ese sentido.

En materia de propuestas, yo diría simplemente para avanzar en el cierre, quiero plantear dos o tres elementos fundamentales. Creo claramente que hay que resolver –si es cierto mi argumento en esto de que hay múltiples dimensiones de la problemática de la juventud– un tema típico de coordinación entre distintos sectores y niveles de gobierno. Ya todos nos pasamos la vida hablando de la necesidad de coordinar esfuerzos, recursos, concepciones, etc. Pero yo creo que el punto nodal no es solamente la retórica de la coordinación, sino de cómo complementar la estructura de coordinación con la función de gobierno.

La pregunta de fondo al final de cuenta es quién gobierna lo que hay que hacer en materia de políticas públicas de juventud y que no son necesariamente las direcciones nacionales de juventud que tenemos y que hemos tenido históricamente, que son típicos ejemplos que uno le da al miembro joven del partido. Lo hizo el hijo de Corach, ahora lo hace La Cámpora, digo que este no es un típico problema de gobierno, sino que es típico que la Dirección de Juventud le toca a los jóvenes de ese sector del partido. En su momento, también se hacía en el gobierno de la Alianza.

Creo que otro elemento importante es recuperar, creo no se ha dicho acá y a mí me gusta recuperar los activos que tiene este gobierno –que creo son varios en el campo social– aunque suene antipático quizá plantearlo en este contexto. Uno de ellos es el plan de "Jóvenes con Más y Mejor Trabajo", que sin embargo le falta escala, le falta mejorarlo, le falta perfeccionarlo; pero este mito fundacional de echarlo todo por la borda está tan en nuestro ADN, yo creo que vale la pena hacer un llamado de atención de que ahí no va la cosa, me parece.

Y lo otro tiene que ver –entre otras cosas– con mejorar en serio la oferta educativa en distintos planos, la típica palabrita de "calidad" creo que es un punto central, en métodos de aprendizaje creo que hay muchos elementos de los que planteaba Guillermo (Pérez Sosto) recién que tienen que ver con que la escuela no es atractiva por múltiples razones, entre otras cosas porque hay un divorcio fenomenal entre los instrumentos y las metodologías pedagógicas y las lógicas de funcionamiento de los jóvenes, en particular de los jóvenes vulnerables. Ahí creo que hay un camino enorme para recorrer. Todo lo que tiene que ver con educación y vinculación con competencia de empleo, sobre todo con un mundo donde probablemente los más jóvenes aquí no tienen esa percepción; pero probablemente todos los que estamos en esta mesa por cuestiones generacionales entrábamos en algún momento a un trabajo y –salvo que quisiéramos irnos– nos podíamos haber quedado toda la vida.

Yo entré al Banco Nación con mis 18 años y decidí renunciar, si no me hubiese quedado en el Banco Nación hasta que me jubilase y eso hoy por hoy es impensable. Lo que pasa es que por ahí también pasa el tema de la juventud, que para muchos jóvenes de clase media, que tienen la posibilidad de ir a la universidad, etc., la flexibilidad laboral es un dato y no mucho problema; porque uno salta porque tiene capital humano, etc. El problema de la flexibilidad laboral es cuando efectivamente uno no tiene esa red de contención, esas alianzas de capital social, etcétera.

Yo creo que hay como tres o cuatro cuestiones, y con esto cierro, que me parece que afectan la integralidad en materia pública de juventud, donde está en claro que si bien el panel es de empleo juvenil, es una invitación de ir por más. De "ir por más" es una frase que no se suele decir en este contexto, creo que un primer elemento es lo que podemos denominar la fragmentación de las intervenciones, la "programitis" aguda que yo decía, pesa mucho, nos sentimos muy tranquilos con nuestra conciencia porque hay 180.000 intervenciones vinculadas a la juventud.

Cuando uno mira sistémicamente esas 180.000 intervenciones, no tenemos nada que se parezca una política pública de juventud, creo que ahí tenemos un primer elemento que implica articular niveles de gobierno, donde por suerte está un federalismo, la autonomía política de los gobiernos provinciales, los gobiernos locales. Entonces la discusión me parece que es de incentivos, incentivos fiscales, concepciones, acuerdos políticos de largo plazo, etcétera.

Lo otro tiene que ver con que diseñar es fácil, implementar es difícil y si se va a hacer un frente en materia legislativa –que por supuesto celebro y por eso me motiva estar acá–, también hay una invocación para pensar en el momento de la reglamentación del marco normativo, en los detalles fuertes de implementación; "en los detalles está el diablo" dicen mis amigos mexicanos, y creo que a eso hay que prestarle mucha atención porque podemos gastar todo nuestro capital político, insisto otra vez, más el de ustedes que el mío, en una excelente ley que al final de cuentas no pasa las condiciones de fertilidad o no logra pensar en el mundo real, sobre todo si esto tiene una escala municipal donde tenemos dos mil doscientas realidades muy diferentes. Y ahí me parece que vale la pena prestarle mucha atención a esto que es más aburrido, que es más barroco, más gris, que son las concretas gestiones operativas que requeriría una política pública de juventud como la que seguramente ustedes están pensando y que seguramente tiene una profesión fuerte de empleo.

Y lo otro tiene que ver –que está muy asociado con lo que estoy diciendo para ir coronando mi argumento– con que tenemos modelos organizacionales inadecuados para pensar políticas transversales. Desde Napoleón Bonaparte en adelante, operamos con la lógica de la sectorialidad, nos compramos el argumento de la intersectorialidad y muchos vivimos de hablar de eso. Pero en la práctica, definitivamente no hay cambios en serio en las culturas organizacionales, en los protocolos de intervención, no hay cambios en serio en la lógica de cómo se construyen los presupuestos y se planifican políticas públicas que permitan en serio hacer integralidad e intersectorialidad, y no tomarla como un dato exógeno que si se da, se da, y si no se da, bueno no importa, pero por lo menos lo pusimos en el documento.

Creo, en síntesis, que el gran tema de hoy no es solamente político, no solamente institucional, no solamente operativo, sino que es mucho más macro; qué tipo de sociedad queremos construir, donde la política, y cuando digo la política, digo también los políticos profesionales, pero no solamente los políticos profesionales tienen mucho que hacer en esta materia.

Bienvenidos los acuerdos políticos, pero claramente mi invitación –y ustedes lo saben bien mucho mejor que yo porque ustedes están todos los días en esto– es que no alcanza con buenos acuerdos de legisladores de todo el arco político. Claramente, en esta discusión hay que meter fuerte al Ejecutivo, pero también fuertemente a los actores sindicales y empresariales, y ahí me parece que está la construcción de una coalición para una política pública de juventud. Este puede ser un mojón, un mojón crítico, una pieza de rompecabezas. Pero si uno no sabe que está metido en un rompecabezas, y estoy seguro que ustedes lo saben muy bien, probablemente se queden incompletos en este esfuerzo importante que es muy bienvenido. Agradezco mucho por la invitación.

(Aplausos.)

Roy Cortina: Antes de darle la palabra a Agustín Salvia y Jorge Casará, ustedes sabrán comprender que por cuestiones de agenda, le vamos a pedir a los dirigentes políticos, candidatos y actuales diputados, que podamos firmar este compromiso que decíamos. Les quiero decir brevemente quiénes están. Están: Fernanda Reyes –ex diputada nacional de la Coalición Cívica, actualmente candidata a senadora por la Coalición Sur Unen–, Sergio Bergman –actual Legislador por el PRO y candidato a Diputado Nacional por el PRO–, Francisco De Narváez –actual Diputado Nacional y candidato por la lista Unidad Celeste y Blanca–, Laura Alonso –actual Diputada Nacional por el PRO y candidata ahora por la re elección por el PRO–; está Fernando Sánchez –actual Legislador de la Coalición Cívica y candidato a Diputado Nacional por la Coalición Sur Unen–; está el Diputado Nacional Pino Solanas de Proyecto Sur –actual candidato a Senador por Coalición Sur Unen–; está Julio Raffo –actual legislador por Proyecto Sur y candidato a Diputado Nacional por Coalición Sur Unen–;

está Rodolfo Terragno —ex Diputado Nacional, Senador, ex funcionario nacional y actual candidato a Senador por Suma +, que es otra de las listas de Unen—; está Verónica Gómez —candidata a Diputada Nacional por Coalición Sur Unen—, y quien les habla. Si ustedes quieren, vamos a firmar el compromiso.

(Lectura del compromiso y firma del mismo.)

"Reconociendo la situación de vulnerabilidad socio laboral que afecta a cientos de miles de jóvenes de nuestro país, los dirigentes políticos abajo firmantes nos comprometemos a abordar legislativamente con carácter prioritario, la problemática del desempleo juvenil".

Roy Cortina: Los invitamos a todos esperar, ya que faltan dos expositores, y excusamos a aquellos candidatos que se tengan que ir. Le vamos a dar la palabra a Agustín Salvia.

Agustín Salvia: Buenas tardes, felicito la iniciativa y creo que con la dirigencia política ya habiendo firmado el compromiso, eventualmente estamos más liberados incluso para exponer críticas y argumentos.

Mis colegas han expuesto los temas en términos de diagnóstico cuantitativo y cualitativo, incluso en materia de políticas, diagnósticos políticos que están atrás de la problemática de la inclusión juvenil. Pero me interesa destacar tal vez algunos aspectos que se señalaron incluso en la última exposición en cuanto a la complejidad del fenómeno, la multidimensionalidad del fenómeno de la inclusión juvenil, donde no solamente aparece el desempleo. Pero también considerar este punto que tiene que ver con la reproducción social. La mayoría de los jóvenes son pobres y la mayoría de los pobres son jóvenes, o por lo menos una gran parte de ellos.

Esta alta concentración de jóvenes en situación de riesgo no supone solamente la de jóvenes en situación de riesgo; sino que es la de hogares en situación de riesgo, la de futuros ciudadanos en situación de riesgo, la de la situación de riesgo de un país futuro. Y desde esa lógica hay que pensar qué tipo de capitalismo, qué tipo de modelo de desarrollo de capitalismo estamos creando y cuál es la capacidad de este modelo económico para incluir a una amplia cantidad de jóvenes que son como una potencial fuerza de trabajo, pero también una potencial capacidad transformadora.

Sin duda, no podemos hablar de los "jóvenes" como una singularidad, como un grupo único, sino que tenemos que pensar en un segmento social que justamente tiene pluralidades y heterogeneidades tanto económicas como sociales y culturales. También hay múltiples identidades y biografías en este contexto de un mundo cada vez más posmoderno, más global.

En este contexto, sí existe –de todas maneras– la posibilidad de identificar un conjunto de condiciones materiales de vida de los jóvenes, y de condiciones sociales y psicosociales de desarrollo para la juventud, que las podemos pensar no sólo como especificidad sino como efectos puntuales, en términos de su impacto intergeneracional. Y esto tal vez sea la clave sobre la cual me interesaría reflexionar, mostrar algunos datos o tener o compartir algunas reflexiones.

Hoy por hoy, en la Argentina, en los grupos de 15 a 18; de 19 a 24 años y de 25 a 29 años, hay alrededor de 10 millones de jóvenes. Un cuarto de la población argentina es joven en términos de un proceso de formación y de primera inclusión al mercado de trabajo, de participación, de inclusión o exclusión en el campo educativo, y también del inicio de un proceso de ciclo vital, de ciclo biológico de constitución familiar. Una etapa clave en el desarrollo de las personas, pero también una etapa clave en la formación del país que queremos.

Los capitales educativos, los capitales sociales, los capitales laborales, los capitales culturales –ciclos que se forman en este período– constituyen un potencial para el desarrollo de nuestro país de acá a 20, 30 o 50 años. En esa lógica, no es sólo el problema de desempleo; es un problema mucho más amplio.

Más allá de haber felicitado y felicitar la iniciativa de firmar este compromiso, creo que –como se ha mencionado en distintas exposiciones– el problema va mas allá del desempleo. El desempleo es un aspecto de un problema mucho más integral, que tiene que ver con la exclusión social de estos jóvenes, de las familias de estos jóvenes; y de una parte de la sociedad argentina. En términos intergeneracionales esto tiene un efecto: cuando pensamos que el 38% de la población habita en hogares donde no hay cloacas –a nivel urbano–; y que de los 15 a 18 años, el 44% de esos adolescentes o jóvenes están en esa situación; y cuando vemos esta escalera en términos de cómo –si bien existe una tendencia a la reducción– esta tendencia a la reducción, lo que va marcando es que fundamentalmente buena parte de lo que le está ocurriendo a la sociedad argentina en su conjunto, a esa media agregada del 38%, tiene que ver con lo que le está sucediendo o lo que están padeciendo los adolescentes o jóvenes urbanos de la Argentina.

Entender que el 14% de las personas viven en viviendas precarias, pero que esto se agudiza cuando analizamos la situación de los jóvenes, siendo que hay una mayor concentración de jóvenes viviendo en viviendas precarias. Cuando analizamos también que el 13 o 14% de la población vive en hogares donde no hay agua de red pública, o no tiene acceso a la red pública de agua corriente, y esta situación es más grave entre los jóvenes. Cuando identificamos esta misma situación en términos de una marginalidad, en términos de barrios donde tampoco hay calles pavimentadas, la problemática se reproduce y los jóvenes son los que están más afectados. Cuando las cercanías basurales también están afectando a los jóvenes, lo que estamos diciendo es que estos jóvenes en condiciones de marginalidad social están viviendo en condiciones de segregación y de exclusión social; no sólo en términos de desempleo o subempleo, sino en términos de una marginalidad social que los segrega, los margina, los arrincona en situaciones de exclusión, en situación de discriminación, en situaciones donde las formas extralegales o no legales se constituyen en los procedimientos y los mecanismos fundamentales de movilidad social; obviamente estamos hablando de un problema estructural y no de un problema coyuntural en el ciclo económico.

Un problema estructural que tiene que ver con la reproducción de un ciclo económico, con las formas en que se distribuye una parte de los capitales económicos, capitales sociales, capitales culturales; del modo en que también se administra la política y de cómo la política interviene rompiendo o reproduciendo esta situación, y que –a mi juicio– también termina siendo –desde los últimos más de 30 años– parte de la reproducción de la situación de marginalidad estructural para las nuevas generaciones; dejando este tipo de resultados. Y en donde proyectamos este resultado en términos de los hijos de estos jóvenes –que a su vez tienen las familias más numerosas– estamos pensando en una infancia también vulnerada, una infancia recurrida, arrinconada, excluida en términos de marginalidades estructurales.

El problema, entonces, no es solamente un problema de leyes sino de políticas. Esta ley sin dudas es un marco de la política, pero las políticas se hacen fundamentales en función de identificar claramente el problema y actuar sobre el problema y no sobre sus manifestaciones.

La marginalidad económica tiene que ver con este proceso de reproducción, pero insisto que la matriz es previa, incluso en el sentido de estos jóvenes. La matriz puede aparecer cuando analizamos la situación de pobreza como un síntoma de manifestación, pobreza o indigencia por ingresos, en donde tenemos efectivamente un 5,8% de la población que está en situación de indigencia y un 26,9% –incluyendo los indigentes– que están por debajo de la línea de pobreza. Pero los indicadores para los jóvenes nos marcan que son justamente los jóvenes los que vienen de los hogares con mayor indigencia y con mayor pobreza. Nos muestran que son estos hogares en donde también los jóvenes no tienen acceso a una obra social, a medicina privada, a una atención o a una cobertura médica adecuada. Están yendo al hospital público fundamentalmente, en donde sabemos que la calidad de la salud es más deficitaria que en otros sistemas y en donde también la política tendría que ser una política de ingresos, una política de salud, una política de vivienda, una política de condiciones de inclusión social mucho más integral en términos de esta población joven vulnerable o excluida.

En donde el desempleo efectivamente afecta más a los jóvenes que a la población en general –son datos del observatorio, el Barómetro de la Deuda Social Argentina– pero en donde no solamente, como dijo Gonzalo (Asís), se expresa en términos de desempleo el problema, sino también en la calidad de los empleos. Y hoy por hoy, mientras que a nivel general de la población, el 13% tiene un subempleo inestable, el 31% de la población tiene una situación de empleo precario no regular, inestable extralegal. Sólo el 55% de la fuerza de trabajo de la población trabajadora urbana tiene un empleo decente, en términos de la identificación que hace la OIT de este indicador. Mientras que para esta situación en los jóvenes tiende a agravarse, efectivamente hay un remanente que –en la medida que avanza en la edad– aparece el proceso de inclusión.

Lo estamos viendo acá (se muestra filmina) con cortes generacionales, y no necesariamente vamos a garantizar que este 48% de jóvenes de hoy de 15 a 18 años que están en su empleo inestable logre tener un cero de empleo inestable dentro de 15 años o 10 años, sino todo lo contrario, creo que estamos en presencia de un proceso que va a tender a reproducir la situación de marginalidad económica, de precariedad laboral. Y esta situación no habla necesariamente de la calidad educativa de los jóvenes para incorporarse al mercado de trabajo ni habla necesariamente de en qué medida haya políticas o programas de empleabilidad para jóvenes, ni de cuánto a un programa como el "Más y Mejor trabajo para los Jóvenes" se hace eficiente o eficaz. Sino que se hace necesario pensar y repensar qué tipo de modelo económico estamos generando, qué tipo de capitalismo estamos reproduciendo, capaz de no hacer de estos jóvenes una población sobrante sino una población necesaria y útil al desarrollo de las capacidades productivas, de las capacidades sociales y culturales.

Efectivamente, esto afecta también a la educación. Es cierto que los jóvenes sin secundario completo hoy constituyen el 37,9% de la población, y que cuando analizamos el 25% de los hogares más pobres, esta situación llega al 62% contra un 8,9% del 25% superior. No acceder o terminar la secundaria no es un problema de los jóvenes en general, sino que es un problema de estos jóvenes pobres y marginados; así como tampoco es de los jóvenes en general el problema de no acceder a una vivienda digna, sino que es de los jóvenes excluidos. No es también que no accedan a la salud, no es un problema de los jóvenes en general, sino que es un problema de los jóvenes en situación de exclusión.

También tenemos que el acceso de empleo pleno para los jóvenes está fuertemente limitado, sólo el 39% accede a él y quienes acceden a ese empleo fundamentalmente son los jóvenes del 35% de los extractos más altos, contra un 15% de los extractos más pobres.

Y esta situación se reproduce en términos de aquellos NI-NI que han tomado gran parte de la agenda que preocupa a gran parte de las políticas públicas o del debate de las políticas públicas, los que no estudian ni trabajan. Pero reitero, no se trata de los NI-NI como la sustancia del fenómeno, sino como una manifestación del fenómeno; y es cierto que constituyen alrededor del 17% de nuestros jóvenes de 18 a 29 años, pero esta situación afecta fundamentalmente y es muy distinta que sea un NI-NI de las clases medias profesionales, a ser un NI-NI en las clases más pobres.

Y que buena parte de esos NI-NI que se mencionaban bien aquí, son mujeres recluidas en su hogar a tareas reproductivas, aisladas; donde el fracaso escolar, justamente es un antecedente a este proceso en donde la imposibilidad de salir al mercado de trabajo se constituye como una barrera estructural. Y no solamente en esos jóvenes que podemos identificar como los "chicos de la esquina". Pero ambos constituyen poblaciones diferentes pero excluidas. Pero insisto, que es muy distinta a la de los jóvenes de clase media profesional que no terminan el secundario o que no siguen el universitario.

Los jóvenes de extractos populares constituyen un margen social con mayores riesgos sociorresidenciales, socioeconómicos y socioculturales; y son también el principal emergente de los chivos expiatorios de una sociedad que busca o que necesita de esos chivos expiatorios para aliviar sus complejos, sus resentimientos. Son también los jóvenes una materia fundamental de la discriminación, son objeto de discriminación de forma sistemática. Sobre ellos se anclan los mayores porcentajes de pobreza y exclusión social.

¿Es con empleo que vamos a resolver el problema? Creo que es una pregunta importante, pero el desafío es mucho más alto que el empleo: las políticas de Estado integrales para la inclusión de los jóvenes. Y aquí confirmo buena parte de lo que se ha dicho anteriormente, y que lo ha hecho explícitamente Fabián Repetto, necesitamos una política de Estado inteligente. El desarrollo a futuro se encuentra condicionado por la marginalidad socioeconómica y sociolaboral de estas actuales generaciones, es un segmento importante de jóvenes y de hijos de estos jóvenes que están sufriendo un proceso de movilidad estructural y que el crecimiento económico no resuelve el problema.

Necesitamos –por lo tanto– políticas inteligentes, de acción, masivas a gran escala, para romper este círculo vicioso de la reproducción generacional de la pobreza. Y junto con los jóvenes debemos incluir a los niños, a los hijos de estos jóvenes, a estas nuevas generaciones que también deben transitar por una etapa de transición histórica. Si pensamos que este país tiene un futuro de mayor felicidad y bienestar para todos, obviamente que tenemos que integralmente romper con estas cadenas que reproducen la pobreza y la marginalidad. Reitero una idea que ya dije, fundamentalmente tenemos que organizar políticas integrales, económicas, sociales, políticas educativas, políticas laborales y no solamente pensar en políticas o programas de empleo. Muchísimas gracias.

(Aplausos.)

Roy Cortina: Muy bien –finalmente– para cerrar, Jorge Casará.

Jorge Casará: Buenas tardes a todos, muchas gracias por esta invitación. Vengo en representación de la Comisión Nacional de Justicia y Paz, quiero comentarles que una de las actividades nuestras se basa fundamentalmente en trabajar sobre políticas de Estado que tengan como línea transversal lo que es la inclusión social; y dentro de esto queríamos presentar algunos aportes a lo que se podría llamar "la creación y promoción del empleo joven", que surge de un estudio realizado en conjunto con técnicos de Acción Católica, de la Universidad Católica de la República Argentina y de la Comisión Nacional de Justicia y Paz.

Del diagnóstico creo que se habló bastante, y me gustaría solamente reforzar un tema, que en el 18,5% de los jóvenes que están desempleados –si lo analizamos por quintiles– los dos quintiles más bajos tienen el 35% de desocupación. Y esto está relacionado fuertemente con dos temas, uno lo que sería la falta de capacitación y de formación, pero el segundo es la falta de un capital social.

Es diferente el capital social que tienen los jóvenes en quintiles mayores que los que tienen los de quintiles menores. Y esto me parece interesante, que es lo que planteaba Gonzalo (Asís) antes, el tema de generar espacios y redes de contención para estos grupos vulnerables de la población.

Ante esta situación nosotros nos proponemos caminos para la inclusión. Uno de ellos es atacar las desventajas competitivas que tienen estos jóvenes y que están presentes en factores de demanda de trabajo y factores de la oferta de trabajo. Si trabajamos sobre el concepto de factores de oferta de trabajo, estamos planteándonos fundamentalmente un cambio de la estructura de la educación media, donde se trabaje más en una educación media pensando en las salidas hacia el trabajo.

Y en esto quiero referirme a un aspecto, que si nosotros planteamos una educación media dual, tiene que haber una participación de la empresa y ahí me parece que hay un compromiso importante de las empresas de acercarse a la educación media. Como dirigente gremial empresario he trabajado muchos años en lo que era la relación entre la universidad y la empresa. Creo que hoy la relación universidad y empresa está perfectamente reconocida tanto por el sector académico como por el sector empresario; pero hay que comprometer a la empresa a acercarse a la escuela media; porque si no, no podría haber ningún tipo de acercamiento y ningún tipo de modificación en la estructura de la enseñanza media hacia una estructura dual. Y ahí creo que también hay que incorporar, dentro de la responsabilidad social de las empresas, el acercarse a la escuela media.

Sobre los factores de demanda de trabajo, ahí nos planteamos dos cosas: una es reducir los costos laborales del empleo joven; y otro, promover y facilitar la formalización de los microemprendimientos.

Sobre esta base, los proyectos a impulsar deben contemplar el derecho universal al empleo joven y un estatuto especial para los microemprendimientos. Si hablamos de derecho universal al empleo joven, nos ponemos como idea fundamental un beneficio económico de equiparación a estas desventajas que tienen los jóvenes en el primer empleo, que se trata principalmente de un subsidio aplicado en cabeza del joven, no para la empresa sino en cabeza del joven. Es el joven quien lo tendría, en lo que va de un período de los 18 a 25 años o quizá mayor hasta los 28 o hasta los 30 años, una excepción de aportes y contribuciones a la seguridad social en sus primeros 60 meses laborales. Esto de alguna manera no sería universal sino que tendría un límite planteado en una cantidad de veces el salario vital y móvil.

Los requisitos educativos son: secundario finalizado o en curso avanzado, una exigencia a la empresa que toma a ese joven de comprometerse a impulsar la finalización del secundario, y un incentivo para los méritos en el desarrollo de los estudios. Y ahí me voy al punto de por qué hasta los 30 años.

Fundamentalmente, lo que nosotros nos planteamos es que si ese subsidio está en cabeza del joven, el joven lo puede utilizar y en algún momento dice "bueno, ahora dejo de trabajar y voy a rendir mis estudios o inicio estudios universitarios, o dejo de trabajar y empiezo un microemprendimiento"; y en ese caso, le quedan otros 24 meses de subsidio que queda en cabeza de él, cuando va a buscar nuevamente el trabajo sigue teniendo ese beneficio que tenía originalmente.

Nos estamos planteando que tenga los plenos derechos de la Ley de Contrato de Trabajo, la cobertura de salud, la convencional, los riesgos laborales también y tiene que haber un compromiso de capacitación a cargo de la empresa, tiene que haber un módulo de comportamientos básicos para el trabajo y tiene que haber también mecanismos que permitan formalizar y acreditar la capacitación recibida. Es decir, tendría que ser emitido por la empresa y lograr un compromiso de la empresa de emitir un certificado de las aptitudes laborales. Y esto de alguna manera lo que nos plantea es que hay un beneficio para el joven pero de alguna manera hay un costo también para la empresa en generar esa capacitación; y el costo también de tener un joven con menos aptitudes para el trabajo. Aquí me parece que está el tema de que no haya una sustitución de trabajadores experimentados por trabajadores o jóvenes subsidiados.

El esquema de funcionamiento de la empresa es simple: la empresa emplea al joven, le da el alta temprana, al presentar la declaración jurada mensual declara el salario y mes trabajado pero paga cero de aportes y contribuciones a ANSES y PAMI durante nuestros sesenta meses registrados de la historia laboral del joven. Y si el joven cambia de empleador retiene el beneficio por los meses restantes. ¿Los efectos previstos? Principalmente, la baja de los costos laborales del joven, que moderará su desventaja competitiva e incentivará su contratación. Un bajo costo fiscal porque nosotros estamos planteando que se incorporan los jóvenes que están afuera del mercado laboral, induce al empleo formal, la cobertura de salud reemplaza costos a cargo del sistema público. Hay capacitación por parte del empleador, incentiva la finalización de los estudios; y –por otro lado– tiene como valor agregado que un joven capacitado dentro de una empresa no va a ser dejado libre por la empresa una vez que haya vencido los sesenta meses, porque esa empresa va a reconocer todo el trabajo y la inversión que hizo en esa persona.

Si nos vamos al estatuto para los microemprendimientos, con énfasis en las relaciones laborales, lo que nosotros estamos planteando es que lo primero que hay que entender, es que hay que regular las relaciones trabajo-trabajo. ¿Qué es la relación trabajo-trabajo? Fundamentalmente, para lograr una importante formalización del trabajo, es necesario entender que existe una relación diferente a la definida como capital-trabajo. Esta nueva relación que tenemos que entender la podemos definir como "trabajo-trabajo". En muchos microemprendimientos, el dueño además de liderar el emprendimiento, es un trabajador más. Y en la mayoría de los casos, es un trabajador independiente que ejerce de manera autónoma su oficio, y que de acuerdo con las necesidades y oportunidades del emprendimiento, incorpora a otras personas entre las que predominan los jóvenes con escasa experiencia y bajo nivel de educación.

El capital de estos emprendimientos es mínimo y muchas veces es simplemente conocimiento de las habilidades o conocimiento del emprendedor.

La relación que existe en estos emprendimientos no es la tradicional de una empresa, sino que es un vínculo trabajo-trabajo, en el cual el dador de trabajo es un trabajador y el empleado actúa como un colaborador. Este tipo de vínculo trabajo-trabajo existe en un amplio espectro de actividades. Podemos destacar, como por ejemplo –a titulo ilustrativo– de lo que sería un colaborador de un plomero, de un albañil, de un tornero que tiene su pequeño establecimiento en su casa y tiene un ayudante que no solo colabora con él, sino que encima de colaborar con él lo está capacitando y formando en un oficio. Nosotros entendemos que ahí hay un espacio muy interesante como para dar lugar al primer empleo laboral, sobre todo a estos jóvenes que no tienen formación ni capacitación y que forman parte de este grupo de los dos quintiles menores, que son los que están de alguna manera en una situación de compromiso mayor.

Es obvio que este tipo microemprendimiento tiene pocos elementos en común con la relación capital-trabajo que existe en una empresa tradicional. Los microemprendimientos trabajo-trabajo requieren de un estatuto especial, que reconozca realidades productivas, laborales y sociales muy diferentes a las empresas tradicionales.

Este estatuto no buscaría crear diferencias en los niveles de protección de los trabajadores, sino hacer extensivas estas normas de protección a la gran masa de trabajadores informales que hoy existen y no reciben ninguna protección. Entendamos que el 75% de los puestos laborales de los jóvenes se generan en microemprendimientos o microempresas de menos de 5 personas. Si entendemos esta relación de trabajo-trabajo, podemos también entonces legislar de alguna manera que permita reconocer estas relaciones y generar espacios para las mismas.

Sobre esa base, nos planteamos que tienen que haber estatutos especiales para estos microemprendimientos, y fundamentalmente en esa relación trabajo-trabajo, tenemos que ir a un régimen simplificado, a un esquema tarifado, un modelo similar al del personal de casa de familia, una sincronía con el monotributo fiscal. Pensemos que el empleador o el dador de trabajo tiene un régimen simplificado que es el monotributo, pero su colaborador tiene las mismas normas que tiene una gran empresa. Entonces, esto hace que sea muy difícil que el dador de empleo pueda blanquear o hacer una situación formal para ese colaborador. Nosotros, lo que nos planteamos acá es pensar que ese colaborador que está desprotegido, no es que nosotros le estamos dando un beneficio al dador del trabajo, sino que le estamos dando un beneficio a ese colaborador que hoy está en la informalidad y a través de un mecanismo simplificado y de un esquema diferente, podría de alguna manera estar formalizado en un microemprendimiento.

Y los límites de aplicación de estos sistemas simplificados estarían en función de la facturación, teniendo en cuenta que una empresa que haga servicios tiene mucha más mano de obra aplicada que una empresa que hace comercio o que hace industria. Si alguno plantea un modelo que hasta los 500 mil pesos de la facturación de una empresa de servicio, lo podría estar planteando hasta el millón de pesos anual en una empresa tipo industrial y hasta el medio millón de pesos en una empresa comercial.

Los elementos complementarios, inscripciones y registraciones simplificadas, prestaciones de salud a cargo de la obra social del sector también con un módulo tarifado y de alguna manera consensuado con la obra social, de manera que no significa un costo extra para la obra social, pensando en que estamos fundamentalmente planteándonos trabajo para jóvenes, y que éstos son un bajo consumidor en el costo en salud.

Con los costos laborales a cargo del empleador, también tenemos que pensar que para cerrar la formalización de este tipo de relaciones "trabajo- trabajo", también tenemos que avanzar con los municipios y las provincias para impulsar lo que sería un estatuto especial de taller familiar, una habilitación de taller familiar. Porque pensamos que para formalizar estos microemprendimientos tienen que tener una habilitación municipal; y si hoy un tornero tiene un tallercito en el fondo de su casa, se le va a pedir baño y muchas veces hasta baño para discapacitados, entonces es imposible que habilite ese lugar y no llega entonces a la formalidad.

¿Qué nos planteamos entonces cuando se formaliza y se crea empleo a través de la reducción de la burocracia y los impuestos al trabajo? Que puede haber una capacitación básica elaborada a cargo de un emplea- dor para estos jóvenes, un aumento de la competitividad de los micro emprendimientos. O sea, el microemprendimiento cuando tiene una formalización, se transforma en una pyme o en una pequeña empresa. El microemprendimiento pasa a ser una empresa y al ser una empresa y estar reconocida y formalizada tiene acceso al crédito; pero también tiene la posibilidad de contratar con empresas formales.

Si tomamos el caso de un fletero, y si el fletero tiene ayudante, y no lo tiene formalizado, ese fletero va a hacer solamente changas, es muy difícil que pueda contratar con una empresa formal grande. Si ese fletero formaliza a su colaborador, va a tener la posibilidad de generar ya un crecimiento, y generar digamos –de alguna manera– un emprendimiento mayor y crecer. Y esto es lo que nos planteamos, que también tiene un bajo costo de fiscal porque lo que está planteando es la formalización de relaciones informales.

Sobre esa base, nosotros nos planteamos la importancia de estos proyectos que creemos que son necesarios, de efectos concretos a corto plazo, son viables y perfectibles en el tiempo. Creemos que la aplica- ción de un proyecto de este tipo simplificado de subsidios al joven, en cabeza del joven, serían de bajo costo fiscal y de gran impacto social. Muchísimas gracias.

Roy Cortina: Bueno, para finalizar este panel tan prestigioso, estamos muy agradecidos con la presencia de todos ustedes, quedan muchas ideas de trabajo. Tomo algunas cuestiones que planteaba el amigo del CIPPEC, acerca de la necesidad quizá de abordar esta problemática –puede ser una idea– a través de una ley joven aprobada por el Congreso. Proyectos han existido muchos –no lo descarto como estrategia– pero lo que ocurre muchas veces con estas leyes es que terminan reproduciendo el sello de clase y de preocupación que tienen este tipo de sectores juveniles, preocupados por las sanciones de estas leyes.

Todas las leyes de juventud en la Argentina –yo recuerdo mi paso por las juventudes políticas– siempre centraban su desarrollo en el asociacionismo juvenil, en la igualdad entre el hombre y la mujer –que es muy importante–, en la participación en los eventos culturales, en los problemas medioambientales y se olvidaban del nervio. Cuando ustedes repasan en el buscador de leyes del Congreso, verán que todas las leyes de juventud tienen estas características, pero bueno puede ser una estrategia que podamos desarrollar…

Fabián Repetto: Roy, esa es mi propuesta…

Roy Cortina: Por supuesto que hay que ir al núcleo duro, pero la experiencia empírica es que siempre que se han abordado leyes de juventud en la Argentina –y es un vicio de todas las juventudes políticas– terminan siendo leyes de asociacionismo juvenil; y no abordan el nervio de la problemática que es la exclusión de un sector de jóvenes, excluidos, pobres, sin acceso al mercado de trabajo. Pero bueno, puede ser una estrategia, de hecho hay proyectos presentados.

Por el otro lado, también una idea muy importante –y no es el objetivo terminar este proceso de debate con este panel ni mucho menos– para mí este es un puntapié inicial y deberíamos avanzar hacia un foro pluripartidario, donde participen las organizaciones académicas, sociales y fundamentalmente, lo que planteabas vos (señala a Fabián Repetto del CIPEC), el mundo del trabajo y el mundo de la producción. Es decir, que la próxima actividad que tenemos que hacer es una actividad que de alguna manera represente a esos dos mundos: al mundo del trabajo y al mundo de la producción.

Nos sorprenderíamos de cuántos sindicatos tienen secretaría de la juventud y abordan este tema, que son muchos. Pero también nos sorprenderían cuántos sindicatos no tienen una secretaría de juventud que aborde esta cuestión. Son cosas para analizar muy interesantes. Por supuesto que he escuchado con mucho detenimiento las exposiciones que han sido minuciosas con respecto a que el desempleo juvenil es solo un aspecto de la exclusión social, como la exclusión social es una hija natural de la desigualdad, y la desigualdad es una característica esencial del capitalismo.

Entonces ya sería una discusión más profunda que yo no reniego en darla, pero me parece que desde el Congreso hay que abordar los temas puntualmente. Yo prefiero un Congreso, una Cámara de Diputados, un Senado de la Nación que esté preocupado en sancionar una ley de estas características más que una ley de blanqueo de capitales de dinero mal habido. Así que me parece que este es un debate que está pendiente, hay que continuarlo. No se trata de tratar el proyecto de fulano de tal o de mengano, sino de seguir discutiendo esto con otros sectores sociales, con otros sectores académicos. Las propuestas han sido verdaderamente muy interesantes, por lo menos ese es mi compromiso. Además, quiero decir otra cosa, a esta actividad estaban invitados todos los sectores políticos que componen la Cámara de Diputados y el Senado: son 257 diputados y 75 senadores. Estaban todos invitados, por supuesto el oficialismo también. Coincido que una política de Estado de estas características deba abordarse de manera consensuada entre el mundo del trabajo y el mundo de la producción, los distintos partidos políticos que integran el Congreso de la Nación, y el Poder Ejecutivo Nacional o quien está administrando este momento el Estado.

Pero bueno, esta es una deuda que tenemos, pero vamos a seguir insistiendo en construir políticas de Estado, porque son las que perduran más allá del color político que esté gobernando en el momento que nos toca vivir. Muchas gracias a todos los expositores y muchas gracias a todos los que han estado hoy aquí presentes.

(Aplausos.)

X.- Bibliografía consultada

Barómetro de la Deuda Social Argentina. Observatorio de la Deuda Social Argentina., Pontificia Universidad Católica Argentina. **"Desajustes en el Desarrollo Humano y Social (2010-2011-2012)- Inestabilidad económica, oscilaciones sociales y marginalidades persistentes en el tercer año del Bicentenario"**. Salvia, A. (coordinador).

Battistini, Osvaldo y Mauger, Gerard. **"La difícil inserción de los jóvenes de clases populares en Argentina y Francia"**. Prometeo Libros. Buenos Aires, Argentina. 2012.

Baumann, Zygmunt. **"Modernidad Líquida"**. Buenos Aires. Fondo de Cultura Económica. Argentina, 2000.

Beccaria, Luis. Carpio, Jorge. y Orsatti, Álvaro. **"Argentina: Informalidad laboral en el nuevo modelo económico"**. En Carpio, J., Klein, Emilio. y Novakovsky, Irena (Comps.)." Informalidad y exclusión social". FCE. Buenos Aires, Argentina. 2000.

Bendit, René, Hahn Marina y Miranda Ana (compiladores). **"Los jóvenes y el futuro: procesos de inclusión social y patrones de vulnerabilidad en un mundo globalizado"**. Prometeo Libros. Buenos Aires, Argentina. 2008.

Castel, Robert. **"La metamorfosis de la cuestión social. Una crónica del asalariado"**. Paidós, Buenos Aires, Argentina. 1997.

Esponda, María Alejandra. **"Tercerización: aportes para un estudio de sus orígenes, formas de conceptualización e impactos en América Latina"** (Informe del Programa Estudios del trabajo, movimiento sindical y organización industrial, Sede Área de Economía y Tecnología). Buenos Aires, FLACSO, 2013.

Feldman, Silvio y Galin, Pedro. **"La precarización del empleo en la Argentina. Buenos Aires"**. 1990. CEAL-CIAT-CLACSO

Jacinto, Claudia. **"Jóvenes Vulnerables y Políticas Públicas de Formación y Empleo"**. Revista de Estudios de Juventud Mayo. Buenos Aires, Argentina. 2000.

Meradi, Laura, **"Alta Rotación: El trabajo precario de los jóvenes"**. Tusquets Editores S.A. Argentina. 2009.

Miranda, Ana. "**No tan Iguales. No tan distintos**". Integración y Participación de la Juventud en las Mercociudades.

OIT, "**Trabajo decente y Juventud en América Latina 2010.**" Lima, Perú. 2010.

OIT, "**La crisis del empleo en los jóvenes: ¡Actuemos ya!**", 2012.

OIT. "**Un nexo por construir: Jóvenes y trabajo decente en Argentina**". 2011

OIT, CINTEFOR. "**Herramientas para la Transformación. Juventud, Educación y Empleo.**" 1998.

OIT, "**Employment, Incomes and Equality: A Strategy for Increasing Productive Employment in Kenya**", Ginebra, Suiza. 1972.

OIT, "**Propuestas para una política de trabajo decente y productivo para la juventud. Argentina.**" Lima, Oficina Regional para América Latina y el Caribe, 2008

Pérez Sosto, Guillermo y Romero, Mariel "**La cuestión social de los jóvenes**". Documento de trabajo.

Piñeiro, Laura. "**Educación y primer empleo. Formando jóvenes para la inclusión y el trabajo**". Ediciones Ciccus. Buenos Aires, Argentina. 2008.

Sain, Marcelo. "**El Leviatán Azul. Policía y Política en la Argentina**". Editores Siglo XXI, Buenos Aires. Argentina. 2008.

Touraine, Alain. y otros. "**¿Qué empleo para los jóvenes? Hacia estrategias innovadoras.**" Editorial Tecnos, UNESCO.

UNESCO, "**Global Education Digest**". 2010.